Gérer les personnalités difficiles au quotidien

Éditions d'Organisation
Groupe Eyrolles
61, bd Saint-Germain
75240 Paris cedex 05

www.editions-organisation.com
www.editions-eyrolles.com

© Groupe Eyrolles, 2007
ISBN : 978-2-212-53904-2

Daniel Feisthammel
Catherine Isasa
Pierre Massot

Collection « Autorité, mode d'emploi »

Gérer les personnalités
difficiles au quotidien

EYROLLES

Éditions d'Organisation

Dans la même collection, des mêmes auteurs :

Développer son autorité

Maîtriser les conflits

Des mêmes auteurs :

Conduites professionnelles, conduites de management, Éditions Liaisons, 1997.

ISO 9001, Mode d'emploi pour les PME, Éditions AFNOR (sur le référentiel de 1994 paru en 1998 et sur le référentiel 2000 paru en 2001).

Pilotage des compétences et de la formation, Éditions AFNOR, 2001, 2005.

Fondamentaux du pilotage et de la performance, Éditions AFNOR, 2005.

Guide pratique de certification des services à la personne, Éditions AFNOR, 2006.

Manager, grimpez l'échelle ! Clés pour progresser sans devenir un « petit chef » !, Éditions Maxima, 2007.

Sommaire

Introduction

La collection « Autorité, mode d'emploi »

Cet ouvrage est le troisième d'une collection consacrée à l'exercice de l'autorité sous tous ses aspects et dans tous les contextes. On trouvera dans le premier, *Développer son autorité* [1], les bases de notre analyse et de nombreuses ressources sur les pratiques d'autorité. Le présent ouvrage s'occupe plus spécifiquement de la gestion des personnalités difficiles.

L'autorité dans tous les contextes

Les problèmes de l'autorité se posent à l'identique dans toutes les situations où doit s'exercer de fait une fonction d'autorité : la famille, l'école, les associations, l'entraînement sportif, les corps de tutelle (police, armée…), les institutions, le management en entreprise, la sécurité, les organisations politiques, etc.

Dans chacun de ces contextes, les problèmes d'autorité s'expriment de façons différentes et demandent des réponses particulières. Ils sont néanmoins très proches dans leur nature, et les leviers qui permettent de renforcer l'autorité ou de la rendre efficace sont les mêmes.

L'objet de cette collection est de révéler les ressorts communs à toutes les situations pour permettre au lecteur de développer son autorité dans chaque milieu où il peut l'exercer.

1. D. Feisthammel et P. Massot, Éditions d'Organisation, 2007.

L'autorité : du management à la vraie vie

Cette collection s'adresse d'abord aux managers dans le sens le plus large. Les auteurs, conseils et formateurs en gestion des ressources humaines, ont élaboré progressivement un ensemble cohérent d'outils et de ressources pour la pratique du management.

Comme chacun d'entre nous, ils sont impliqués dans des environnements très divers ; de leurs expériences d'entreprise à leur histoire familiale et à leurs vécus associatifs, ou en tant que simples citoyens, ils ont mesuré à quel point ce bagage pouvait leur servir dans tous les domaines. Dans toutes ces occasions, et par l'observation parfois déconcertante, sinon décoiffante, des agitations sociales et politiques, ils ont pu faire un double constat :

- toutes les fonctions d'autorité peinent aujourd'hui à s'imposer ;
- la défaillance est souvent liée à des pratiques inopérantes et comparables sur le fond, quel que soit le milieu.

Cet ouvrage a donc pour but d'éclairer et d'aider utilement les personnes en charge d'une fonction d'autorité, quelle qu'elle soit.

À tous les chefs de quelque chose...
mais également à leurs « sujets »

Cette collection s'adresse donc à toutes les personnes qui occupent des fonctions d'autorité : managers de tous niveaux, cadres, dirigeants, chefs de produit, chefs de file, chefs de projet, chefs de famille, grand frère ou grande sœur, responsables, donneurs d'ordre, maîtres d'ouvrage, organisateurs, animateurs, cadres ou leaders politiques, militaires, hiérarchiques, capitaines d'équipe, entraîneurs, présidents, officiers, ecclésiastiques, etc.

On les appellera ici le plus souvent les « tenants de l'autorité ».

Qu'elle soit officielle, confiée, naturelle ou librement acceptée, la fonction d'autorité pose finalement les mêmes problèmes à ceux qui en ont la charge. Ils se retrouveront donc un peu partout dans ce livre, quel que soit leur monde.

Mais ces ouvrages sont également conçus pour être lisibles et utiles à leurs subalternes, équipiers, collaborateurs, enfants, managés, etc. Car s'ils fournissent les ressources pour développer son autorité, ils posent aussi les règles du jeu, dans l'intérêt mutuel des protagonistes. Les « assujettis » de toutes sortes y trouveront de quoi comprendre et analyser la pertinence de ce qu'on leur impose, ou de ce qu'on omet bizarrement de leur imposer, comme de la façon dont l'autorité s'exerce.

On les appellera ici le plus souvent « personnes dépendantes » ou « dépendants de l'autorité », ou « ressortissants ».

Une collection boîte à outils

Chaque ouvrage de la collection suit une trame identique :

- une première partie consacrée à l'exposé des notions de base, des ressources de fond et des règles d'efficacité : ce qu'il est utile de savoir ;

- une seconde partie dédiée aux procédés et aux comportements permettant de gagner en efficacité ; des applications pratiques seront déclinées pour chaque situation, et pour chaque protagoniste.

Toutes les ressources proposées sont cohérentes car développées à partir de la même boîte à idées. Les auteurs les ont éprouvées et adaptées de façon pragmatique.

La gestion des personnalités difficiles

Tout tenant de l'autorité peut, à un moment ou un autre, devoir prendre en charge des personnalités difficiles, ou plus exactement avoir à gérer leur impact sur le système dont il s'occupe.

La personnalité difficile entrave le fonctionnement du service ou du groupe, la vie de la famille. Elle empêche le déroulement normal des activités. Elle crée de nombreux conflits, absorbe les énergies et consume le temps. Malheureusement, elle est également ingérable, et résiste à l'autorité comme aux exigences du bien commun.

Les tenants de l'autorité ne sont pas tous des psychologues, et il est inconcevable qu'ils le deviennent. Mais ils doivent faire face dans tous les cas à ce type de personnages et trouver des moyens efficaces pour réduire les nuisances qu'ils ont créées.

Cet ouvrage leur propose des ressources pour gagner en puissance sans utiliser des techniques psychologiques sophistiquées. Applicables quelle que soit leur personnalité propre ou celle du ressortissant qui dérape, elles ne nécessitent ni introspection, ni investigation, ni analyse des ressorts intimes de leurs interlocuteurs.

Les techniques et les outils proposés sont issus d'une observation répétée des comportements qui se révèlent efficaces et inefficaces. N'importe quel tenant décidé à discipliner ses propres conduites peut donc les adopter.

Le champ de nos travaux concerne toutes les nuisances ordinaires dues à des comportements décalés, des plus petites aux plus graves, qui empoisonnent les relations, qui empêchent les bons fonctionnements et affectent la réussite, et qui pourraient, à la limite, faire exploser la famille, l'entreprise, l'association, le groupe…

Les pathologies extrêmes pouvant aller jusqu'à la mise en danger des biens et des personnes ne sont pas dans le propos, et ne seront évoquées qu'accessoirement.

L'objectif de cet ouvrage est donc d'aider les tenants de l'autorité à :

- réduire rapidement et efficacement les impacts des conduites inadéquates ;
- obtenir des ressortissants concernés les comportements les moins dégradés qu'ils peuvent mettre en œuvre ;
- préserver les autres ressortissants et le fonctionnement du système ;
- y laisser le moins d'énergie possible, psychologique et physique ;
- renforcer la puissance et assurer la pérennité de l'autorité ;
- évidemment, obtenir un meilleur résultat sur le terrain de l'enjeu particulier à chaque situation.

PREMIÈRE PARTIE

LES DONNÉES
DE LA NUISANCE SOCIALE

De la caissière revêche au petit chef qui paralyse toutes les initiatives, de l'employé incapable de faire les tâches les plus simples à celui qui refuse en bloc toute mission, nous sommes bien souvent confrontés à des personnalités difficiles, dont les comportements nuisent au fonctionnement du système où ils exercent (entreprise, association, équipe, groupe familial…).

Qui sont donc ces nuisibles ? À quoi les reconnaît-on ? Doit-on tenter de les changer, ou ne peut-on que s'en débarrasser ?

Cette partie vous aidera à en établir une typologie, à comprendre comment et pourquoi ils agissent, et de quelle façon répondre à leurs nuisances.

Chapitre 1

Les nuisibles en action

Bobolin, qui participe aux activités du comité d'entreprise, a organisé un voyage d'été pour les enfants du personnel… Il a tout arrangé dans son coin ; ça lui rappelle sa jeunesse, lorsqu'il encadrait colos et camps de vacances dans sa commune.

Un mois avant le départ, Bobolin reçoit une lettre acidulée du tour-opérateur, qui le met en demeure, sous peine d'annuler les réservations, de fournir comme prévu les autorisations de sortie du territoire.

Bobolin a pris note de ce détail dès le début, mais il a résolu de régler cela à sa manière : remettre les autorisations le jour du départ sera suffisant. Il avait bien senti, Bobolin, dans les âpres négociations avec le responsable de l'organisme, que ces gens-là étaient des papivores rétrogrades ! Ainsi, le « fournisseur » se découvre d'un seul coup des droits pour lui dicter sa conduite ? Eh bien, c'est ce qu'on va voir !

Bobolin ne cédera pas au chantage. Il envoie aux familles une note leur rappelant de fournir une autorisation de sortie du territoire, qui devra lui être remise le jour du départ. Puis il décide de le prendre sur le même ton avec le tour-opérateur, dans un courrier saignant qu'il expédie une semaine plus tard.

Quinze jours avant le départ, vingt-cinq enfants commencent à préparer leurs jeux et leurs affaires, mais une lettre du tour-opérateur arrive, avec un chèque de remboursement de l'acompte versé…

Portrait du nuisible

Comment pouvez-vous repérer une « personnalité difficile » ? C'est très simple :

- d'une part, elle entrave le fonctionnement du système[1] dans lequel elle évolue ;
- d'autre part, elle est presque ingérable, imperméable à l'autorité.

Les « nuisibles », tels que nous les appelons dans cet ouvrage, présentent toujours ces deux caractéristiques.

Tout le monde peut avoir des défauts, mais ils n'affectent pas systématiquement la vie commune, et on parvient globalement à infléchir les comportements des gens « normaux », même s'ils sont quelquefois fatigants. Nous les appellerons parfois les « gentils » dans cet ouvrage.

Entrave

On ne peut pas laisser seul un nuisible, car on ne sait jamais ce qu'il peut inventer ni ce qu'il va faire. D'ailleurs, il ne le sait pas non plus par avance.

Incontrôlable

Bien que vous soyez là pour lui donner des instructions et contrôler son activité, il est encore capable de n'en faire qu'à sa tête, qu'il fasse semblant d'obtempérer ou qu'il s'oppose ouvertement.

Vous pouvez lui dire ce que vous voulez, répéter les consignes, argumenter, lui expliquer le pourquoi et le comment, lui faire dire « oui », lui mettre les outils dans les mains, l'aider à se préparer, lui faire une démonstration : au moment de l'action, ce sont ses ressorts personnels qui le guident contre vents et marées.

---

1. Par « système », nous désignons dans cet ouvrage toute structure (entreprise, association, groupe formel ou informel, famille…) où s'exerce la fonction d'autorité.

C'est comme s'il n'avait rien entendu, ou qu'il ne voulait rien savoir, qu'il n'avait rien compris ou qu'il était décidé à tout faire échouer... ou un peu de tout cela à la fois. On reste ébahi par ses comportements, on ne comprend pas comment il peut ne pas comprendre. Est-il méchant, idiot ou simplement mal intentionné ?

Le nuisible est capable de se mettre lui-même dans des situations inextricables, à l'encontre de ses propres intérêts, hors de toute logique apparente, et de foncer droit dans les murs qu'il s'invente.

La faute à...

Le nuisible n'est jamais responsable : c'est la faute des autres, du système, ou de forces immanentes qui lui en veulent. Le nuisible est victime des assauts de l'environnement ou des menaces que font peser sur lui ses pairs, sa tutelle, ses enfants, ses interlocuteurs, vous-même... Il se défend, voilà tout.

Il devine toujours des intentions cachées au-delà de ce qui lui est dit. Il en fait le procès et interprète les motifs de ses interlocuteurs au contraire de ce qu'ils affirment.

Il ne se remet jamais en cause. Il ne s'interroge jamais sur ses propres comportements. Mais selon sa nature, il peut se poser en exemple ou au contraire se déclarer en échec perpétuel, voire les deux à la fois.

Quand il donne un avis, le nuisible commente le monde à sa façon, pour s'en plaindre ; il porte toujours les mêmes jugements et ressasse des généralités.

Il est une source inépuisable de débats acides, de conflits, de quiproquos, de calomnies. Il sème la zizanie en faisant dire aux uns le contraire de ce qu'ils ont dit ou en travestissant le récit du comportement des autres. Il invente des conflits ou des complots imaginaires et en colporte les rumeurs.

Il ne se sent pas responsable de l'image du système où il sévit ; il ne fait aucun effort pour en préserver la réputation. Il peut faire ses crises en public, agresser un partenaire, régler ses comptes en se servant des tiers ; à ceux-ci, il n'hésite pas à donner sa vision détaillée des relations internes, ni à livrer des secrets intimes en les diabolisant.

Résistance

Il n'y a pas de moyen apparent pour influencer le nuisible ou obtenir de lui une adaptation. Il épuise toutes les autorités, grandes ou petites, proches ou lointaines, bienveillantes ou cassantes.

Peur de rien

Même s'il connaît et craint la sanction, il répète imperturbablement les comportements qui l'amènent à être sanctionné, et les réitère immédiatement après la sanction.

Il est prévisible dans sa propension à sortir du cadre, de la norme, du droit, de la règle, mais il est souvent surprenant dans les stratégies et les actes qu'il invente. Quand vous lui demandez pourquoi il n'a pas fait ce qu'on attendait de lui, il répond par exemple : « j'ai pensé que », « j'ai trouvé que c'était mieux comme ça », « je voulais faire plaisir »… Vous avez beau lui prouver le contraire, il n'en démord pas.

Il semble ignorer totalement vos besoins, être parfaitement insensible à ce qui est important pour vous. Il réagit comme si vous n'étiez pas conscient de ce qui est bon ou néfaste pour vous : il le sait mieux que vous, et il le prouve !

Seul au monde

En général, il réfute l'idée que son comportement affecte les autres, l'unité, la famille, ou qui que ce soit. Il peut aussi se charger bruyamment de la culpabilité de tous les maux de la terre. Mais en aucun cas il ne peut concevoir d'accomplir les changements que vous lui demandez.

Il ne peut rien entendre ; vos remarques tombent à plat. Il ne s'adapte jamais au monde qui l'entoure : c'est au monde de s'adapter à lui. Il impose ses particularités comme fondement de toute organisation.

Certains nuisibles sont cependant policés en apparence, voire discrets. Ils agissent de façon insidieuse, mais leurs conduites n'en ont pas moins d'impact.

Capacités de nuisance et capacités de service

Un nuisible peut se servir de tout ce dont il dispose pour exercer son emprise sur le système et les autres personnes. La plus petite attribution, le moindre instrument qui lui est confié peut se transformer en moyen de pression et de punition.

Si vous lui confiez la clé de l'armoire où sont entreposées les cartouches d'encre, en le chargeant de l'ouvrir pour que chaque utilisateur puisse s'y approvisionner au moment où il en a besoin, vous lui attribuez une « capacité de service ».

Pourtant, le nuisible utilise cette capacité à d'autres fins ; pour lui, elle est un prétexte à :

- faire attendre les utilisateurs ;
- servir en priorité les utilisateurs qu'il préfère et montrer aux autres qu'il ne les aime pas ;
- punir ceux qui lui déplaisent en leur interdisant l'accès à l'armoire ;
- utiliser cette capacité comme moyen de chantage, pour obtenir autre chose en échange ;
- embêter tout le monde en emportant la clé avec lui quand il est absent ;
- imposer à chacun de lui donner des signes de déférence, voire d'allégeance, pour obtenir l'ouverture du meuble ;
- faire subir au demandeur un monologue sur ses bobos, ses opinions sur untel, la hiérarchie, la politique… ;
- diffuser auprès des visiteurs des ragots, des médisances ou des rumeurs ;
- etc.

C'est ainsi qu'il fait de son attribution une « capacité de nuisance ».

Dans un couple, celui qui fait les courses pour le ménage peut en profiter pour acheter les yaourts dont raffole son conjoint, ou racheter plutôt une énième boîte de lessive dont il sait pourtant qu'elle lui provoque des démangeaisons.

En fait, c'est l'individu qui choisit de faire d'une attribution une capacité de service ou une capacité de nuisance. Par définition, les nuisibles transforment chaque situation où les autres dépendent d'eux en capacité de nuisance. Ils en usent et en abusent.

Un enjeu d'autorité vital

La présence d'un nuisible dans votre système dégrade tous les éléments vitaux pour la réussite de celui-ci :

- ses résultats ;
- son économie ;
- le confort de ses membres ;
- son image ;
- sa place dans le monde et sa communication avec l'environnement ;
- sa pérennité.

Le nuisible crée des distorsions considérables, des déceptions, des pertes, des échecs. Il épuise votre énergie et celle des autres, dégrade les situations. Il fragilise votre système, voire le mène à la rupture.

Autrement dit, il se situe exactement à l'inverse de votre mission d'autorité, qui est de faire s'épanouir votre système. C'est vrai autant dans la famille que dans l'entreprise.

L'enjeu est simple et violent : si vous ne parvenez pas à réduire durablement les comportements destructeurs du nuisible, celui-ci finira par provoquer la défaillance du système dont vous avez la charge, et souvent son éclatement ou sa dissolution.

Face à lui, vous ne pouvez même pas vous contenter d'un *statu quo* : car la répétition des nuisances, même contenues, mine à la longue le système et les résistances, et finit par les désagréger.

Autrement dit, vous devez triompher du nuisible pour sauver le navire et préserver les biens et les personnes... y compris le nuisible lui-même.

Gestion des personnalités difficiles

Cela dit, il est peu probable que vous puissiez agir réellement sur la personnalité du nuisible[1].

Pas de thérapie

Surtout, ne cherchez pas à modifier les ressorts profonds du nuisible : une telle transformation est un tour de force, qui exige du temps et des circonstances particulières ; vous n'êtes ni psychiatre ni psychologue, et vous n'êtes pas payé pour cela. Votre mission n'est pas de donner des soins thérapeutiques, mais de faire fonctionner le système, de vous occuper de tout le monde, et de conduire l'activité. Vous ne pouvez en aucun cas délaisser tout ceci au seul profit du trublion qui vous empoisonne.

Au mieux, vous devez veiller à ne pas aggraver ou exciter les comportements de nuisance.

Votre action ne peut donc porter efficacement que sur la limitation des comportements inadéquats, sans passer par la conviction ou par des stratégies psychologiques de fond.

Un objectif raisonnable

On ne peut même pas espérer résorber complètement les comportements de nuisance ; le propre du nuisible étant justement d'être incapable de se discipliner ou d'être discipliné. C'est la raison pour laquelle on parle de « gestion » des personnalités difficiles.

---

1. Si vous y parvenez, c'est qu'il ne s'agissait pas d'un vrai nuisible mais seulement d'une personne qui dérapait parce qu'un de ses besoins fondamentaux n'était pas satisfait. Nous reviendrons plus loin sur ce cas.

© Groupe Eyrolles

Le tenant de l'autorité doit donc organiser et piloter la relation entre le nuisible et le reste du système du mieux qu'il peut, sans espérer le changer ni obtenir qu'il se conforme de lui-même aux exigences du bien commun.

À faire

Face à un nuisible, les seuls objectifs du tenant de l'autorité doivent être de :
– réduire les comportements inadéquats ;
– réduire les effets de ces comportements sur le système.

Il s'agit bien de gestion, c'est-à-dire d'obtenir le meilleur résultat possible en y laissant le moins d'énergie, et de conduire finement les situations en contrôlant de près les événements.

Pauvres nuisibles... ou pauvres chefs ?

Les nuisibles existent. Ils sévissent partout. Ils « travaillent », adhèrent aux associations, militent, font des études, se font élire comme conseiller municipal, etc. Ils peuvent même être des tenants de l'autorité : parent, manager, instituteur, gardien de prison, policier ou infirmière. Lorsqu'ils sont pris en charge en tant que patient, assisté, client, usager, consommateur, voyageur, ils parviennent encore à exercer leurs capacités de nuisance en enfreignant les règles, en envahissant leurs voisins, en dégradant quelque chose, en entravant le système par leur inertie ou leurs contestations.

Tous victimes

Leur *credo* commun est de culpabiliser l'autorité pour ne jamais être responsable de leur propre conduite : ils seraient comme ça parce qu'on ne les a pas suffisamment pris en compte, aidés ou soutenus.

Cette excuse, ils la brandissent auprès des témoins extérieurs au système, et auprès de ceux dont ils dépendent ; ceux-ci, parfois, y sont sensibles.

Mais il faut bien constater qu'à conditions égales, d'autres ne développent pas systématiquement des comportements dégradants et que leurs conduites s'améliorent sensiblement dès qu'ils sont mieux traités.

Les nuisibles, en revanche, persistent quels que soient les changements qu'on leur propose. Ils absorbent l'énergie positive tournée vers eux comme un trou noir absorbe la lumière pour ne jamais la restituer. Le fait est là : plus on leur en donne, plus ils vont mal, moins ils en rendent.

On nous dira qu'ils sont victimes de fêlures, de blessures profondes ; soit ! Cela ne rend pas pour autant leurs conduites tolérables. Leurs désordres sont peut-être réparables, mais cette restauration n'est pas le rôle des tenants de l'autorité, et il est injuste que les systèmes où ils exercent en fassent les frais à sens unique.

Tous malades ?

Du point de vue des professionnels de la psychologie, on ne peut probablement pas qualifier les comportements des nuisibles de « pathologiques ». Mais du point de vue des systèmes, pourtant, il s'agit bien de maladies qui affectent toute l'organisation.

L'expérience montre que, pour les tenants de l'autorité, il n'y a ni solution pédagogique, ni solution « clinique », ni réelle solution managériale à ces problèmes tant que le ressortissant nuisible reste actif au sein du système.

La gestion de ces cas consiste alors à mettre en place des compensations, des pansements, à traiter les symptômes et leurs effets sur l'environnement plutôt que les causes qui restent inaccessibles aux protagonistes, y compris aux nuisibles eux-mêmes.

Cela dit, les moyens sont nombreux et assez puissants dans leur accumulation pour atteindre les objectifs fixés.

Haro sur les nuisibles

À défaut de comprendre et de réparer les processus psychologiques individuels, il est possible de mieux cerner et de canaliser les mécanismes de nuisance.

Le même nuisible, dans des situations différentes, ne se conduira pas exactement de la même façon ; suivant le cadre d'autorité, il n'exercera pas le même degré de nuisance.

Cela prouve qu'on peut limiter ses comportements ; et la plupart des moyens de limitation sont détenus par l'autorité.

Toutes les personnalités difficiles ne présentent pas les mêmes troubles, mais on peut agir sur leurs mauvais démons par les mêmes moyens. Le propos de cet ouvrage est de développer ces derniers.

Une brève typologie des nuisibles

Identifions d'abord les différents types de nuisibles[1].

Les nuisibles ne fonctionnent pas tous à partir des mêmes motivations. Afin de ne pas s'aventurer sur les chemins délicats de leur transformation, nous ne tenterons pas de savoir pourquoi ils sont ainsi, mais de mesurer comment leurs travers s'expriment.

Cet inventaire est donc très empirique, n'a rien à voir avec un quelconque classement scientifique, et n'a pas la prétention de fournir des explications substantielles à leur comportement.

Certains nuisibles présentent des défauts très ordinaires, mais dont les effets deviennent désastreux quand ils sont poussés à leur paroxysme.

Les nuisibles intéressés

Certains nuisibles ont, de leur point de vue, des intérêts à défendre contre le système. Quoi qu'on en pense, ils poursuivent avec obstination la satisfaction de leurs besoins.

---

1. Cette distinction n'a pas pour but d'analyser les mécanismes psychologiques propres à chacun. Elle permet aux tenants d'en repérer les clés pour ne pas être tentés par une interprétation hasardeuse.

Le paresseux

C'est le type de nuisible le plus répandu.

Son seul but dans la vie : en faire le moins possible. Le moindre effort lui coûte énormément. Quand il a un emploi, son bonheur est de parvenir à se débarrasser du travail qui va avec. Il éprouve une forte satisfaction à ne rien faire. Ceci lui demande pourtant un minimum de stratégie, d'attention et de constance. De ce point de vue, il déploie des trésors de compétence et d'imagination. Ça, il sait faire !

Il utilise tous les moyens, y compris le sabotage, pour ralentir les activités, les réduire, les empêcher. Il interrompt les processus, perd exprès l'information, égare les données, met en panne les instruments. Il décrète que ce n'est pas le moment et se trouve une autre tâche urgente. Il prétend qu'il est convoqué à une réunion extrêmement importante... et va boire un café avec les copains.

Lui confier une tâche, c'est prendre de gros risques : il a tout intérêt à la « planter » ; et il y parvient toujours, sans qu'on puisse l'incriminer.

Alcide est connu pour son insondable paresse ; pourtant, un jour, le chef de service débordé de travail est contraint de lui demander d'imprimer des documents contenus sur un CD. Une seule consigne : ne pas le faire depuis un poste fixe ou le serveur, car la version CD est la seule à jour.

Au bout de quelques heures, surpris de ne rien voir venir, le chef de service demande les tirages papier à Alcide. Le document n'est pas imprimé, et le contenu du CD est écrasé.

On tente donc de graver de nouveau le CD à partir du disque dur. Surprise : le fichier a disparu de l'unité centrale ! Alcide a tenté de lancer l'impression depuis celle-ci malgré les instructions, et un incident inexplicable s'est produit.

Personne ne parvient à restaurer le fichier, pas même à partir du serveur. Il faut tout refaire !

C'est clair, on ne demandera plus rien à Alcide.

Ce paresseux fait travailler les autres. Il « délègue », distribue les activités, et trouve mille bonnes raisons pour se décharger des tâches sur autrui.

À la maison, il occupe la place du mâle dominant : les femelles travaillent, il ordonne et se fait servir, avachi devant sa télé, une bière à la main.

Les tâches ménagères ou pratiques ne sont pas pour lui. Il laisse tout traîner derrière lui, ne nettoie, ne range ni ne ramasse jamais. S'il était seul, il vivrait de barquettes précuisinées sur une montagne de crasse ; heureusement, il a une femme « de ménage »...

Lui demander de faire quelque chose, c'est abuser : c'est presque une ingérence, voire une agression. Il a des droits ! On veut l'écraser sous le fardeau des travaux inutiles. Ceux qui veulent le faire bosser sont des malades, obsédés par une agitation dérisoire.

Alors il mène campagne contre eux et tente de les déstabiliser. Il met toute sa compétence à se rendre incompétent : celui qui ne sait pas ne peut pas, celui qui ne peut pas ne fait pas.

Les formations ? Elles l'ennuient à mourir. On y enseigne des trucs inutiles, d'ailleurs il n'y va pas, ou il les quitte avant la fin.

Il a horreur des nouveautés, des appareils fragiles, des techniques compliquées, des plannings, de l'entretien. Il arrive systématiquement en retard et part toujours en avance ; il lui faut beaucoup de temps pour manger. Il multiplie les absences, qu'il soit malade, pris par des obligations extérieures, ou qu'il se soit découvert des RTT à rattraper...

Au travail, il est toujours très occupé : les mots croisés, le *sudoku*, surfer sur Internet ; les conversations téléphoniques avec les proches, le classement de ses affaires personnelles, la gestion des problèmes de logement, les réservations pour les vacances... Et quand toute cette activité l'a épuisé, il faut bien qu'il se repose. Il regarde par la fenêtre, en rêvassant pendant des heures. À l'atelier, il s'endort dans les cabines de peinture, prend dix fois l'ascenseur pour aller fumer, s'égare dans les couloirs.

Sa vie n'est pas facile, et il ne se prive pas de le faire savoir : ses chefs le harcèlent, ses collègues sont toujours en train de lui quémander des services... Vraiment, ce monde est mal fait, et s'il était chef, lui, il ferait bien mieux que ces incompétents qui nous gouvernent.

Vis-à-vis de l'autorité, et selon les rapports de force, il jongle entre l'opposition frontale, la soumission apparente, les coups bas, la mièvrerie, les faux prétextes. Il est procédurier. Debout sur les freins, il utilise toutes les ficelles connues pour entraver l'activité. Il connaît ses droits mieux que quiconque. Il refuse de faire ce qu'on lui demande si cela n'entre pas dans sa définition de poste, si cela exige un déplacement, si le matériel n'est pas adapté, ou si l'ordre lui est donné trop vivement... Il n'hésite pas à faire appel aux syndicats. D'ailleurs, il exige des primes, fait valoir la pénibilité extrême de son métier, veut des congés spéciaux.

Sous le manteau, il complote. Il incite ses pairs à résister comme lui, et se débrouille pour les envoyer en délégation pour porter ses récriminations.

Il appelle la maintenance pour le moindre incident, s'arrête de travailler dès qu'une anomalie apparaît. Le paresseux n'est responsable de rien, et surtout pas de la qualité de son travail. Si quelque chose cloche, c'est que les procédés sont inadaptés, les collègues ou les autres services des incapables... De tout cela, il sait parler longuement. *Très* longuement.

Si on lui lâche la bride, il réussit à ne plus rien faire du tout. Il se rend inaccessible, injoignable. Il peut d'ailleurs passer plusieurs mois sur un rapport dont personne ne voit jamais la fin. Ultime apothéose, il quitte son lieu de travail et passe la journée au lit...

Le vaniteux

Le vaniteux se caractérise par l'enflure de son ego. Il veut avoir raison, et que le monde entier sache combien il est beau, intelligent et d'une classe exceptionnelle. Il a un besoin irrépressible de se mettre en avant. Il se met en scène et s'écoute parler.

Il lui faut absolument mettre sa patte partout ; il sait et fait mieux que tout le monde. Il occupe l'espace et la parole. Il a des avis sur tout, émet des sentences, commente avec dédain le travail des autres. Il veut être de tous les projets, être membre de droit, représenter le système. Il interfère, s'immisce, s'impose et impose son point de vue.

Il veut être au centre de toutes les manifestations officielles : sur la photo dans la presse, c'est toujours lui qui se tient aux côtés du préfet.

Le vaniteux sait tout ce qu'il faut savoir – et il le fait savoir ! – sur la géopolitique, les arts premiers, la morale, les sciences occultes ou la qualité déplorable des soins hospitaliers…

Il ne supporte aucune critique, aucune remarque sur lui-même, son travail, ses démarches, ses méthodes – et encore moins sur ses résultats. Il se justifie en permanence. Il a toujours raison, il ne peut pas se tromper.

Il est extrêmement chatouilleux sur ses prérogatives, ses attributs et les marques de déférence qu'on lui doit. Il se rend indispensable, incontournable, met en place des organisations compliquées où son aval devient obligatoire. Incapable de coopérer, il tire la couverture à lui et s'approprie les idées des autres, quitte à les remanier un peu, du moins en apparence.

Ce qu'il ne peut reprendre à son compte, il le démonte par tous les moyens, y compris le sabotage. Car il ne peut se contenter d'être reconnu et valorisé : il doit l'être plus que les autres. Son besoin est concurrentiel. Il affiche son mépris.

Les règles communes ? Elles ne sont pas pour lui. Il s'en dédouane, les adapte. Il tient ses méthodes secrètes, loin des instructions officielles : de toute façon, elles sont conçues par des ignares…

En cas d'échec, le vaniteux est prêt à tout pour dissimuler. Il fausse les résultats, ment sur ce qui s'est passé, incrimine des tiers, invente des travaux, des acteurs fantômes, détruit les preuves potentielles.

Il crée de faux problèmes pour montrer sa capacité à les résoudre, allume des incendies pour jouer au pompier.

Au dehors, il se fait passer pour un dirigeant, pour la lumière vitale du système. Il se montre arrogant : c'est lui qui initie et mène des négociations ambitieuses, lui l'ami des stars et le convive obligé des hautes sphères. À l'en croire, il règne sur un empire, même (surtout ?) lorsque dans la réalité, il ne fait que balayer la cour.

Et l'autorité ? À ses yeux, elle est étriquée, incompétente, voire carrément imbécile. Il la dénigre, il ricane de ses décisions. Il ferait tellement mieux, si seulement on l'écoutait... Il conteste les choix, les méthodes, le pilotage, les intentions, et crie sur tous les toits que les orientations choisies sont stupides. Il désavoue les politiques, il philosophe sur la pauvreté du concept, et ironise sur la médiocrité des visions.

Quand l'autorité est absente, il interrompt les travaux ou les activités pour infléchir les consignes et les stratégies établies.

Il tente d'instaurer un pouvoir parallèle et d'influencer directement les autres ressortissants : s'il réussit à isoler l'autorité, à la disqualifier, il apparaîtra comme le sauveur.

Quand on lui lâche la bride, il se construit un trône, s'affuble de titres ronflants, pose sa signature partout et s'érige en calife à la place du calife, en réduisant toutes les délégations et s'accaparant tous les pouvoirs.

Le dominant

Le dominant a besoin de s'imposer aux dépens des autres, de se sentir supérieur. Il n'est à l'aise que quand il écrase. Quand il veut quelque chose, il ne pense à l'acquérir que par la force. Il menace, tout en espérant que son adversaire résistera : il aura ainsi un prétexte pour l'agresser et le terrasser. Il multiplie les conflits, cherche des noises à tous ceux qui le gênent. Pour lui, le monde se divise en faibles et en forts. Et, bien entendu, il fait partie des forts. Le dominant est cassant, péremptoire, belliqueux.

Il veut tout contrôler, avoir raison de tout et de tous. C'est prendre des risques énormes que de le contester. Il a la rancune tenace et n'hésite pas, hors de toute proportion, à détruire tout ce qui peut servir à ses opposants. À la moindre contrariété, c'est l'escalade. Il a toujours des contentieux en cours. Sans scrupule, il est brutal et dangereux, même quand il n'a ni le pouvoir ni la supériorité physique. Il dicte sa loi, passe en force, ridiculise ses interlocuteurs.

À défaut de motifs objectifs, il s'en invente et s'en prend au premier qui passe. Rien ne trouve grâce à ses yeux, sinon l'attaque. Attaquer l'amuse, et il attaque n'importe qui.

Il détourne volontiers les ressources du système à son profit, pour mener ses propres combats. Il peut aussi les sacrifier s'il y voit un moyen de blesser quelqu'un qui lui déplaît.

Il organise des clans et s'entoure de personnes plus fragiles qu'il contrôle par la crainte et la récompense.

Au dehors pour impressionner ses interlocuteurs, il clame qu'il domine le système. Il dénigre systématiquement les tenants de l'autorité, les fait passer pour des chiffes molles, et donne une image lamentable du système où il sévit.

Il hait l'autorité, avec laquelle il est en concurrence permanente pour le contrôle du système. Il l'attaque par tous les moyens, la conteste de front, l'accuse de n'importe quoi, suscite la rébellion, sabote l'activité. Dès que possible, il s'adresse à la hiérarchie pour calomnier ses supérieurs directs.

Quand on lui lâche la bride, il prend tous les pouvoirs, brise le tenant de l'autorité, terrorise et asservit ses collègues, sa famille, son groupe, son association…

Le cupide

Le cupide ne participe à un système que pour en tirer tous les bénéfices possibles. En apparence, il peut se couler dans les règles et les cadres. Il n'a de problème avec personne et fait *a minima* ce qu'on lui demande.

Cependant, il détourne à son profit les moyens, le matériel, les produits. Voler ne lui fait pas peur, tant qu'il ne risque pas de se faire
prendre. Il se débrouille pour être innocent. Il organise des trafics
d'influence, d'argent, de matériel ou de matières. Il pousse le système
à se déréglementer, contourne les procédures, instaure des mécanismes de copinage, truque les contrôles, entraîne les autres dans des
arrangements hors normes. Il manipule, triche, ment.

Au travail, c'est celui qui n'hésite pas à récupérer tout ce qu'il peut,
quitte à modifier un processus de production pour soustraire des
composants négociables, y compris au détriment de la sécurité ou
des produits finaux. Ou encore, c'est celui qui se montre capable de
remplacer des produits par d'autres, toxiques. Il exploite ses collègues et s'approprie leurs ressources.

Dans d'autres cadres, le cupide « fait de la cavalerie », emprunte toujours plus pour rembourser ses emprunts, mais utilise l'argent à
d'autres fins. En famille ou chez les copains, il subtilise les billets
qui traînent, vide le frigo sans jamais le remplir (en laissant parfois
des traces pour accuser quelqu'un d'autre), revend ce qu'il emprunte
et prétend l'avoir perdu. Il fait payer trois fois, à sa mère, au parrain,
et à son frère les prétendus cours de danse de sa fille. Il les porte
en caution pour acheter des biens qu'il ne peut pas payer et se rend
insolvable.

Sa stratégie de base est simple : il implique son entourage dans ses
trafics pour mieux le « mouiller », et fait ainsi passer ses malversations dans les usages. Il saisit toutes les opportunités pour installer
des passe-droits et pousser à l'abandon des règles.

Au dehors, il vend les services du système, voire des membres qu'il
aura su dévoyer. Il « fait de la perruque », sous-loue les locaux. Au
besoin, il imite des signatures et fait des faux.

L'autorité est sa cible préférée : il a pour ambition de la corrompre,
ou tout au moins de la discréditer, afin de pouvoir élargir et consolider ses malversations. Le mensonge éhonté, la flatterie, la manipulation sont ses moyens. Il invente des histoires toujours plus grosses :

on se dit qu'il est inconcevable qu'il ose mentir à ce point ; alors on le croit, jusqu'à l'escalade suivante.

Quand on lui lâche la bride, il transforme le système en organisation mafieuse.

Les nuisibles désintéressés

D'autres personnalités difficiles sont nuisibles presque malgré elles. Elles ne retirent aucun profit de leurs dégâts, mais elles en font. L'autorité est impuissante à les canaliser.

L'idiot

Il n'entend pas ce qu'on lui dit, perd les outils, oublie les consignes. Il croit toujours bien faire et fait tout de travers. Incapable de respecter complètement un procédé, une procédure, une tâche dans son entier, il en rate toujours la partie essentielle.

Avec son air innocent, il dit oui à tout, mais on a bien l'impression qu'il ne comprend rien à ce qu'on lui veut. Il confond les normes, les mots, les noms, les personnes, les dossiers. Demandez-lui de répéter mot pour mot une information qu'on lui a confiée, et il n'en restitue que des bribes, se lance dans une tirade incompréhensible – mais jure pourtant que c'est ce qu'on lui a dit. Il répond à côté des questions posées. Il utilise son propre vocabulaire et des locutions originales rendant ses explications et ses discours incompréhensibles.

Un rien le distrait et l'emporte dans une autre direction. Au beau milieu d'une activité, il s'arrête et passe à autre chose. Il ne vérifie jamais ce qu'il vient de faire : ça ira bien comme ça...

L'idiot ne comprend pas les priorités, ne hiérarchise pas les activités. Il peut passer plusieurs heures sur un détail mineur et oublier totalement une tâche importante. Quand il s'occupe de quelque chose, le reste disparaît instantanément. Au-delà de deux informations, il s'embrouille et oublie ce qu'il devait retenir. Et il ne note jamais rien : c'est inutile, il sait ce qu'il faut faire. Il est tout à fait capable de reproduire la même erreur plusieurs fois dans des délais rapprochés.

À force de ne rien comprendre, d'être inconscient des risques, l'idiot est dangereux pour lui-même et pour les autres. Il provoque des catastrophes techniques, relationnelles, ou dans le fonctionnement.

Il ignore les besoins des autres car ce ne sont pas les siens. Il ne peut faire les choses qu'à sa manière et à son rythme. Il vit en temps réel ; il est monotâche.

Obstiné dans ses choix et ses méthodes, il répète inlassablement les mêmes certitudes, s'accroche à son point de vue. Il repose plusieurs fois la même question, pour finir par ne pas appliquer la réponse.

Lui fait-on une remontrance ? Il se braque et s'enferme dans un mutisme buté. Vexé, il laisse brutalement tout en plan et regarde les autres se noyer sans bouger.

Au dehors, sa communication est décapante pour les tiers : il porte des avis et des discours aux antipodes des valeurs et des réalités du système.

Vis-à-vis de l'autorité, l'idiot est perdu entre obéissance et résistance. Il résiste dès qu'il ne comprend plus, veut être d'accord pour faire. Il se déclare facilement victime de harcèlement : on lui explique mal les choses exprès, on ne lui a pas donné toute l'information. Pour l'autorité, c'est un ventre mou, sur lequel elle n'a aucune prise. Comment savoir, en effet, dans quelle mesure sa bêtise est réelle ou feinte ? On se demande parfois s'il ne fait pas semblant de rater les choses les plus simples alors qu'en parallèle, il a réussi un acte plus compliqué !

Quand on lui lâche la bride, il s'adonne à des activités aussi surprenantes que dérisoires ; il sort du cadre, s'égaille, s'égare. Il peut décider de repeindre la façade au pinceau, de classer les outils par couleur… ou tout simplement de disparaître pour la journée.

Le malheureux

Le malheureux va mal, très mal. Il accumule sans répit les problèmes et les souffrances. Il se plaint, pleure sur son sort. Ceux qui le fréquentent savent tout de ses déboires. Perpétuellement triste, amer, il « fait la gueule », et ne participe pas aux activités sociales.

Il y a toujours quelque chose qui l'empêche de faire : il a mal quelque part, il a rendez-vous avec l'assistante sociale, il n'a pas dormi, sa cave est inondée, il faut qu'il s'en occupe. Il arrive en retard, doit partir tôt, s'absenter.

Il voit le monde en noir et repeint le système dans la même couleur. Il plombe l'ambiance, mine les relations, suscite la défiance.

Parce qu'il veut à toute force que les gens se détestent, il repère des inimitiés, des complots ; il distille des histoires sur les uns et les autres. Il n'écoute pratiquement que ceux qui ont des malheurs à raconter. Souvent, il se sert d'eux pour alimenter ou renforcer ses propres maux, et pour avoir quelque chose à dire et donc ne pas être isolé ; il les plaint et disserte avec eux sur les méchants et les victimes dont, évidemment, il fait partie...

Qu'on rigole, qu'on s'amuse autour de lui, il ne le supporte pas : il croit toujours que c'est à ses dépens. Les échanges d'amabilités, la cordialité, sont pour lui pures hypocrisies. Il s'en prend particulièrement aux gens qui vont bien ; il leur invente des malheurs cachés et fait courir des rumeurs à leur propos.

Le malheureux interprète en négatif tout ce qui est dit et porte des jugements dévalorisants sur les personnes, leurs intentions et leurs conduites. Face à un projet, il voit tout de suite ce qui va forcément échouer. Il piste les imperfections, critique les idées, freine les initiatives, retarde les démarrages. Il pose des conditions et multiplie les préalables : il manque toujours quelque chose pour commencer.

Dans l'entreprise, il peste contre les directives issues des services du siège, entrave les relations avec les autres services opérationnels et les dénigre violemment.

Les situations délicates le paniquent. Tétanisé par la peur, il crie, s'énerve, accuse bruyamment quelqu'un ou quelque chose et reste planté au milieu du gué, attendant la débâcle qui va l'engloutir.

Au dehors, il décrit le système comme un endroit sinistre où tout va mal. Il fait des remarques acerbes sur les clients, les partenaires, les amis de la famille…

Le malheureux se plaint de tout, et bien évidemment de l'autorité : elle est mauvaise, mal inspirée, incompétente et forcément injuste, surtout à son égard ; c'est elle qui mène au désastre.

Quand on lui lâche la bride, il bloque toutes les activités, coupe les communications, érige des défenses contre l'environnement. Chez lui, il creuse un abri antiatomique.

Autres profils de nuisibles

Défauts de socialisation

Intéressés ou désintéressés, il y a autant d'autres types de nuisibles qu'il y a de défauts de socialisation exacerbés. On peut citer :

* L'excité hyperactif, instable et inconséquent ; toujours dans une agitation extrême, il veut faire mille choses à la fois, être partout et commence inlassablement ses activités sans jamais les finir.
* L'hypocrite manipulateur joue avec les gens et les choses sans la moindre empathie. Il divise pour régner et sème le désordre autant par plaisir que par intérêt.
* Le malade chronique, le plus souvent enfermé dans une addiction à l'alcool ou aux stupéfiants ; il ne maîtrise plus ses conduites sociales et dévore les systèmes de l'intérieur.
* Le « sachant », expert satellisé dans son monde technologique, conceptuel et inaccessible, il complexifie tout, et transforme les systèmes où il exerce en univers aussi ésotériques qu'inopérants.
* Etc.

Des profils multiples

Cette typologie des nuisibles est déjà assez effrayante, mais il y a pire encore : les nuisibles présentent rarement une personnalité homogène, et ils peuvent combiner plusieurs types.

On trouve ainsi par exemple des :

- paresseux – hypocrite ;
- vaniteux – idiot ;
- paresseux – malade – cupide ;
- dominant – excité – malheureux ;
- sachant – vaniteux – paresseux ;
- etc.

Certaines personnalités difficiles empruntent un peu à tous les genres, et changent même de composition selon l'humeur du temps ou le contexte. Cela les rend d'autant plus surprenantes et incontrôlables.

S'attendre à tout... surtout au pire

Quels que soient leurs profils, les nuisibles ont besoin de la permission de l'autorité pour exercer leurs funestes talents.

Quand on est le responsable d'un nuisible, face à ses erreurs, on se dit souvent qu'il fera mieux la prochaine fois. Mais c'est totalement faux. On souhaite vraiment que ça s'arrange, qu'il aille mieux, qu'il ait envie de s'améliorer. On se persuade que, cette fois, il va revenir dans le sillon commun ; on lui en arrache même la promesse... Et il ne la tient jamais. Au contraire, à chaque nouvelle occasion, les mêmes travers sont mis en évidence, les mêmes erreurs se reproduisent et s'aggravent.

Doit-on en être surpris ? Par quel enchantement la cent vingt-septième fois serait-elle la bonne ? Il faut être bien naïf, ou adepte de la méthode Coué, pour y croire... De fait, chez le nuisible comme chez son responsable, il y a là un enfermement manifeste : l'un et l'autre, chacun dans sa sphère, s'obstinent dans des conduites inefficaces.

C'est d'abord la bienveillance et la crédulité du tenant de l'autorité qui permettent la pérennité de la nuisance. Elles lui fournissent un espace, lui donnent du grain à moudre. Car le nuisible, on peut en être certain, ne rate jamais aucune occasion de sévir...

Pour maîtriser les nuisances, vous devez toujours vous attendre au pire et le devancer. Pour cela, il suffit de se rappeler que le nuisible obéit systématiquement à la majorité des préceptes suivants :

Les huit commandements du nuisible

Quand on confie une tâche au nuisible :

- il ne fera pas ce qu'il a dit ou ce à quoi il a dit oui, il fera le contraire et autrement ;
- il ne respectera ni les durées, ni la chronologie, ni les priorités, ni les rendez-vous de contact ou de travail, ni les délais, ni les disponibilités des autres ;
- il ne retiendra pas toutes les consignes, et surtout pas le point essentiel qu'il n'appliquera pas ;
- il inventera quelque chose que rien, dans les données de la situation, ne permet de prédire ;
- il pervertira la communication entre le système et l'environnement, portera des messages erronés ou trafiqués, et pas aux bonnes personnes ;
- il cachera ce qu'il a fait et le résultat obtenu, il n'informera pas de ce qui s'est passé ;
- il impliquera injustement d'autres personnes dans les causes du problème, dans le déroulement des événements, et dans leurs positions ;
- finalement, il chargera l'autorité de la culpabilité de l'événement, dans ses intentions, sa conduite et la façon dont elle le gère.

Si on observe le comportement d'un nuisible, on verra qu'il répond toujours au moins à la moitié de ces commandements – ce qui est très largement suffisant pour causer d'importants dégâts.

Le nuisible est imprévisible et dangereux. Il faut donc s'en prémunir. On peut se demander comment il réussit à gâcher autant de choses, et être tenté d'analyser les circonstances de ses bourdes, mais il n'y a rien à comprendre : c'est un mode de fonctionnement automatique, incontrôlable pour le nuisible lui-même. Comment, alors, une information extérieure pourrait-elle le toucher ?

Est considéré comme nuisible celui qui répète plusieurs de ces conduites de base.

Inutile d'espérer qu'il puisse s'améliorer parce qu'il n'en applique que deux ou trois. Cela montre au contraire qu'on ne peut jamais être sûr de ce qu'il va faire.

Quant à celui qui applique au moins à deux reprises l'ensemble de ces conduites, une seule parade : quand c'est possible, s'en séparer de toute urgence, quoi qu'il en coûte. La répétition de tels comportements est en effet un danger réel pour le système lui-même.

Chapitre 2

Structures de conduite des personnalités difficiles

À la caisse d'une grande surface

Une gentille mamie déverse le contenu de son chariot sur le tapis de la caisse. Euphrasie, la caissière, la regarde et entame la conversation sur le temps qu'il fait...

Tandis que l'on discute de l'intérêt de choisir un fromage blanc à 0 %, de la qualité des escalopes et des risques de salmonellose, la caissière enregistre de temps en temps un article ; dans les allées, la file d'attente s'allonge.

Le client suivant s'impatiente, il n'a qu'un seul article à payer, à 4,99 euros ; il présente un billet de 100. Au même moment, la chaise d'Euphrasie s'affaisse de plusieurs centimètres.

– Vous pourriez au moins avoir la monnaie, pour une si petite somme !, dit-elle en se levant pour rehausser son siège.

Visiblement, la chaise ne se laisse pas faire, et la caissière entreprend le démontage de l'assise. Elle s'énerve, laisse échapper quelques jurons. Au bout d'un moment, de guerre lasse, elle se rassoit, enregistre l'article, rassemble la monnaie et la jette sur le tapis tout en fixant le client d'un œil noir.

Un peu plus tard, une dispute éclate à l'entrée du magasin. Un article à la main, elle regarde la scène : on n'est pas loin d'en venir aux mains...

– Je ne supporte pas la violence ! s'exclame-t-elle avant de partir dans de longues considérations, tout en pesant distraitement un sac. C'est alors que le client lui fait remarquer que 240 euros pour un kilo de tomates, c'est un peu exagéré !

Mais Euphrasie quitte soudain son poste et va parler aux hôtesses de la caisse centrale : « Que se passe-t-il ? Pourquoi les gars de la sécurité ne sont-ils pas encore arrivés ? »

On la renvoie à sa caisse où elle ramasse d'un air absent, sous le regard amusé de ses collègues, les 2,40 euros que son dernier client a déposés sur le tapis avant de partir.

Le nuisible sur l'échelle des niveaux de pratiques sociales

Pour mieux comprendre ce que les nuisibles ont en commun, et ce qui les différencie des autres, on peut les situer sur une échelle de pratique sociale.

Cette échelle décrit les clés des comportements des uns et des autres, sur quatre niveaux hiérarchisés en fonction de deux critères fondamentaux :

• les impacts des comportements sur le système ;

• le confort qui en résulte pour les protagonistes.

Les nuisibles se trouvent au plus bas niveau de cette échelle.

Méthodologie des échelles de niveaux de pratiques « ENP »

L'échelle ci-contre a été conçue selon le principe des « ENP » (échelles de niveaux de pratiques). La méthode consiste à formaliser les pratiques de toute nature (sociales, professionnelles, individuelles) sur quatre niveaux gradués en fonction de leur degré d'efficacité.

On peut observer ainsi plusieurs comportements différents, dont la logique de classement est la suivante :

Le niveau 4, le plus élevé, est le plus efficace dans l'exercice de l'activité concernée.

Le niveau 1, le plus bas, est le plus catastrophique.

Gestion du temps

Voici en exemple les différentes façons pour une personne de gérer son temps.

Niveau 4 : Anticipation, fiable

La personne crée les conditions de résolution des problèmes avant qu'ils se produisent. Prévoit les effets, calcule, estime par anticipation, se ménage des marges de temps d'avance pour faire face aux imprévus. Privilégie la gestion à long terme. Livre toujours tout en temps et en heure. Ne se laisse pas déstructurer par l'imprévu. S'organise pour faire gagner du temps aux autres.

Niveau 3 : Temps réel, régulier

Se rue sur les problèmes dès qu'ils surgissent.

Cherche à définir ou redéfinir ses priorités en fonction des urgences opérationnelles. Ponctuelle, elle cherche à réguler les durées pour tenir son planning. Ne crée pas de retards pour les autres mais est désorganisée par leurs retards.

Niveau 2 : En retard, négligent

Ne traite les problèmes qu'après qu'ils sont survenus et que les effets se sont manifestés. Il y a toujours quelque chose qui lui a fait perdre du temps. Livre son travail et arrive fréquemment en retard. Attend en général la dernière limite pour se mettre à l'œuvre. Génère des retards pour les autres. Semble courir après les événements sans les rattraper, et finit par abandonner.

Niveau 1 : Anachronique, inconséquent

S'occupe des problèmes n'importe quand, à des moments inopportuns ou dans une chronologie qui lui est strictement personnelle. Se met au travail après l'échéance, se laisse entraîner dans des occupations futiles, inappropriées. Perturbe le planning de travail des autres, ne tient aucun compte de leurs propres chronologies.

Cette méthodologie, développée dans notre premier ouvrage, *Conduites professionnelles, conduites de management*[1], est utilisée pour représenter concrètement les écarts entre les comportements efficaces et les comportements à éviter.

Une « ENP » est à la fois un outil d'autoévaluation qui permet de situer sa pratique, un guide pour la corriger et un outil pour évaluer les comportements des autres et réagir en conséquence.

Matrice des échelles

Elles décryptent la façon dont chacun traite les anomalies intervenant dans son activité, son rôle, sa fonction, et la manière dont il prend en compte l'environnement.

Nous sommes confrontés en permanence à un grand nombre de distorsions entre réalité et idéal, en particulier dans les situations professionnelles : lacunes, retards, défauts, erreurs, etc. Ces anomalies sont dues à l'accélération des changements, à la pression sur les moyens, à la complexité des structures, à la concurrence…. Elles affectent tous les aspects des activités : livraison, information, exécution, qualité des produits, efficacité des outils, actualité des méthodes, et ainsi de suite.

Il n'y a nulle part de cas de figure où tout se passe dans la perfection. C'est également vrai dans la vie familiale. Que nous soyons tenants ou ressortissants, nous ne répondons pas de la même façon à ces distorsions. Certains y font face, d'autres les contournent.

Une des bases de la méthodologie est d'identifier ces réponses aux quatre niveaux. Un autre fondement est de constater comment la personne se comporte dans ses relations vis-à-vis des autres.

Voici donc la trame commune à toutes les échelles.

---

1. P. Massot et D. Feisthammel, *Conduites professionnelles, conduites de management*, Liaisons, 1997.

Niveau 4 : Amélioration

C'est le niveau de comportement le plus élevé, qui conduit au *leadership*[1] : la personne prend en compte spontanément tout son environnement, en particulier l'intérêt des autres : elle compense ou répare les problèmes des autres et de l'environnement. Elle assume la complexité des situations. Elle fait progresser les systèmes et les groupes.

Niveau 3 : Adaptation

La personne prend en compte plus particulièrement ses responsabilités techniques : elle se débrouille pour rester opérationnelle. Elle compose avec les tensions dans sa propre sphère sans s'occuper des répercussions au-delà.

Niveau 2 : Application primaire

La personne est centrée sur elle-même : elle ne traite pas les problèmes. Elle reproduit le même comportement en toutes circonstances. Elle fait le minimum, sans coopérer. Elle augmente le taux de distorsion pour les autres.

Niveau 1 : Aggravation

La personne est imprévisible, mue par ses émotions. Elle génère des tensions, même confrontée à des situations « normales ». Elle développe un comportement aléatoire, voire inadéquat. Son activité est incomplète et puissamment perturbatrice pour les autres.

Toutes les pratiques sociales peuvent être décrites selon cette logique, celles des ressortissants et celles de l'autorité. La compétence mise en jeu ne porte plus sur des gestes techniques, mais sur des comportements, des modes de réaction, des relations, ou des actes de gestion des hommes et des situations pour ce qui concerne les tenants.

---

1. Sur la notion de *leadership*, voir *Développer son autorité, op. cit.*

Les nuisibles au niveau 1

Dans l'organisation de ses comportements, la personne du nuisible se situe toujours au niveau 1 des échelles, celui de l'aggravation des problèmes. Les nuisibles seront à ce niveau 1 pour tous les aspects essentiels de la conduite sociale.

Le rapport à l'autorité ; niveau 1 : incontrôlable

Le nuisible feint d'obéir mais fait autrement, louvoie entre opposition systématique, obséquiosité et mensonge. Tente de mettre son chef en difficulté, discute la validité des commandements, dénonce la hiérarchie supérieure.

Le rapport aux autres ; niveau 1 : position « déjantée », conduite fluctuante

Ne sait jamais quelle position adopter. A beaucoup de difficulté à entrer en relation. Totalement inconstant et imprévisible. Ne situe pas son interlocuteur. Ne sait pas comment se comporter, a des conduites versatiles et des rapports aux autres incohérents.

Le rapport à l'information ; niveau 1 : hermétique à la réception, dégrade la transmission

Manque d'information, perd celle qui lui arrive. Prétend qu'il n'a pas reçu le document, lequel est au milieu de piles de papiers ou à la corbeille. Obstrue ou dévoie les canaux d'information auxquels il a accès. Désinforme, manipule, transforme. Fait des erreurs d'attribution de l'information, pervertit le contenu des messages, engendre des conflits.

L'autonomie ; niveau 1 : électron libre ou impotent

Ne parvient pas au bout de la tâche qu'on lui assigne. Ne respecte pas les consignes, pervertit le modèle et justifie les dégradations qu'il fait subir à l'objet. Commence plusieurs choses, les laisse en plan, y revient, ne clôture pas.

La stabilité ; niveau 1 : conduites chaotiques

Conduites hachées, revirements à 180°, aléatoires. Va souvent mal, traîne de faux problèmes et des contentieux. Il en arrive même à « péter les plombs » tout seul. Selon les personnes et les lieux, il ne dit pas les mêmes choses. Peut faire dire des choses énormes et créer des conflits en colportant des histoires perverses.

L'identité ; niveau 1 : absence, décalage

Ne s'identifie pas à son travail ou à sa famille, et ne peut pas y grandir. Se pose en spectateur de l'activité, pour laquelle il n'a aucune ambition, pas plus que pour lui-même. Est là par hasard, simplement pour « gagner (perdre) sa vie ». Laisse les choses aller et venir, se dégrader. Travaille ou s'active sans intérêt ni désir.

La responsabilité ; niveau 1 : irresponsable, démission face au choix

Victime, n'est même pas responsable de ses propres états. Considère que les autres, l'environnement sont toujours à l'origine de ses erreurs. Aggrave la situation pour ne pas l'assumer seul, entraîne les autres et leur fait porter la responsabilité de ses échecs. Ne décide rien : le fait accompli l'emporte[1].

Gérer les nuisibles

Cet ouvrage propose plusieurs échelles de niveaux portant sur les pratiques de l'autorité face aux nuisibles.

⸺ Faites le point

Vous pourrez utiliser ces échelles pour situer précisément votre niveau général d'autorité, afin de comprendre vos propres ressorts, et identifier

---

1. L'histoire de Bobolin est une illustration d'un niveau 1 de pratique de la responsabilité.

certaines causes de vos difficultés comme de vos réussites. Ce repérage peut aussi vous aider à progresser vers le niveau 4, c'est-à-dire vers l'accès au *leadership*.

Niveaux de prise en charge des personnalités difficiles

4	Le tenant de l'autorité assume pleinement la gestion du nuisible. Il implique le groupe dans ses stratégies et ses décisions. Il « confronte »[1] le nuisible pour chaque comportement inadéquat qu'il sanctionne dès les premiers symptômes. Il anticipe ses incartades et en protège les autres dans tous les cas.
3	Le tenant de l'autorité affronte régulièrement le nuisible. Il tente de le convaincre. Il dénonce les comportements inadéquats et les sanctionne quand ils sont à leur paroxysme. Il s'interpose lorsque les autres appellent au secours. Le nuisible le fatigue : il limite ses transactions avec lui.
2	Le tenant de l'autorité contourne le nuisible. Il le craint. Il prétend qu'il ne se passe rien, et ne fait donc rien. Il minimise les problèmes et laisse les autres ressortissants s'en débrouiller. Quand il ne peut éviter le nuisible, il lui tient des discours lénifiants puis passe à autre chose.
1	Le tenant de l'autorité se débarrasse de la gestion du nuisible sur quelqu'un d'autre. En parallèle, il entretient ses comportements et s'en sert au besoin pour dominer les autres. Il peut le récompenser, lui confier des responsabilités, lui déléguer des tâches de management.

Lorsqu'un tenant de l'autorité a des conduites de niveau 1, c'est-à-dire au même étage que le nuisible, il y a fort à parier que la situation ne peut que se dégrader de façon abyssale.

---

1. La *confrontation* est un mode d'opposition où l'on affirme très clairement et crûment son désaccord, ce qu'on a à dire, en parlant des faits, sans porter de jugements, mais en restant poli et serein. Cette notion est développée dans notre ouvrage *Maîtriser les conflits*, Eyrolles, 2007.

Le « champ d'intégration » des personnalités difficiles

Le nuisible égocentrique

Les personnalités difficiles sont, plus que tout autres, égocentriques. Indépendamment de la nature de leurs problèmes personnels, c'est ce qui les rend incapables de s'adapter à leur environnement.

Un paresseux invétéré, s'il est cependant altruiste et a le souci de ses amis, sortira de sa torpeur pour ceux qu'il aime. Une personnalité cupide mais pas totalement égoïste se trouvera toujours un comparse ou une famille pour partager ses larcins. C'est un nuisible pour le système, mais un bienfaiteur pour la famille qu'il s'est choisi.

C'est là que réside la différence entre la nuisance et un défaut grave : le nuisible est incapable de prendre en compte son environnement. Il satisfait confusément son besoin aux dépens des autres et du système sans qu'aucune nécessité, aucun besoin extérieur, n'ait de prise sur lui.

Celui qui est simplement très égoïste n'est pas tout à fait nuisible : un égoïste prend au moins en compte ses propres intérêts et évite de saborder le navire dans lequel il est embarqué.

La grenouille et le scorpion

Un feu de brousse pousse les animaux au bord d'une rivière. Une grenouille et un scorpion se retrouvent sur la rive. La grenouille s'apprête à traverser quand le scorpion l'interpelle :

– S'il te plaît, prends-moi sur ton dos.

– Je ne suis pas folle. Tu vas me piquer, lui répond-elle.

– Ce serait stupide de ma part : je ne sais pas nager, j'en mourrais.

La grenouille hésite ; il insiste, et elle finit par céder. Le scorpion monte sur le dos de la grenouille, et les voilà partis pour la traversée. Au milieu de la rivière, le scorpion pique la grenouille.

– Pourquoi as-tu fait ça ? lui demande-t-elle avant de mourir.

– Je n'ai pas pu m'en empêcher…

Il en est ainsi des personnalités difficiles : leur instinct de nuisance est plus fort qu'eux, plus fort que la conscience relative de leur propre sauvegarde.

Le nuisible est égoïste vis-à-vis des autres et égocentrique vis-à-vis du système ; mais il est également inconséquent vis-à-vis de lui-même. Il ne perçoit pas le système qui l'héberge comme un havre, une ressource ou un support, mais comme un carcan, une source d'ennuis et de contraintes. Il ne se situe pas à l'intérieur, comme un composant, mais se sent extérieur, comme une pièce rapportée. Il est en concurrence avec le système, et donc avec ceux qui en font partie. À défaut d'une identité propre, consolidée, à défaut de se sentir en sécurité, il se montre incapable de s'accommoder de la réalité de ce qui l'entoure et de s'y adapter.

Il lui manque des repères : il ne maîtrise pas clairement ce qu'il est, ses besoins, ni les moyens de les satisfaire. Il est donc toujours insatisfait. Comme il ne peut trouver de réponse en lui-même, il s'en prend à la chose et aux gens qui, selon lui, devraient résoudre ses problèmes : le système et ceux qui y participent et, plus spécialement, l'autorité.

Champ d'intégration

On appelle « champ d'intégration » la capacité de chacun à prendre en compte son environnement pour adapter son comportement sans qu'il y soit forcé.

C'est l'ensemble des éléments qu'une personne intègre dans la gestion et la régulation de son activité. Plus ce champ est vaste, plus on est capable de considérer un nombre important de paramètres, et d'organiser son comportement en fonction de ceux-ci.

À la manière d'un conducteur automobile dont le champ de vision est plus ou moins large, la taille du champ d'intégration conditionne les réponses aux événements. Si un conducteur automobile ne perçoit dans son champ de vision que le véhicule qui le précède, il n'aura pas la même réponse, face à un brusque ralentissement, qu'un autre conducteur dont le regard porte jusqu'à plusieurs véhicules devant lui. La réponse du premier sera plus tardive, moins adaptée, et peut-être inutile pour éviter le choc.

Dans la vie professionnelle ou familiale, la taille de notre champ d'intégration dépend du nombre d'éléments, de facteurs (lieux, personnes, événements, objets, temps, interactions…) qu'on peut prendre en compte. La taille du champ d'intégration détermine les réponses que nous mettons en œuvre spontanément pour nous comporter, effectuer des choix, prendre une décision, établir des relations avec les autres, mener un projet, animer une équipe, etc.

Composition des champs d'intégration

La gradation du champ d'intégration est définie en fonction du nombre croissant d'éléments pris en compte par la personne. Plus le niveau croît, plus la variété des réponses et leur adaptation à l'environnement est étendue. Le champ d'intégration est constitué de cercles successifs ayant pour origine soi-même, et s'agrandissant vers l'extérieur.

Degrés du champ d'intégration

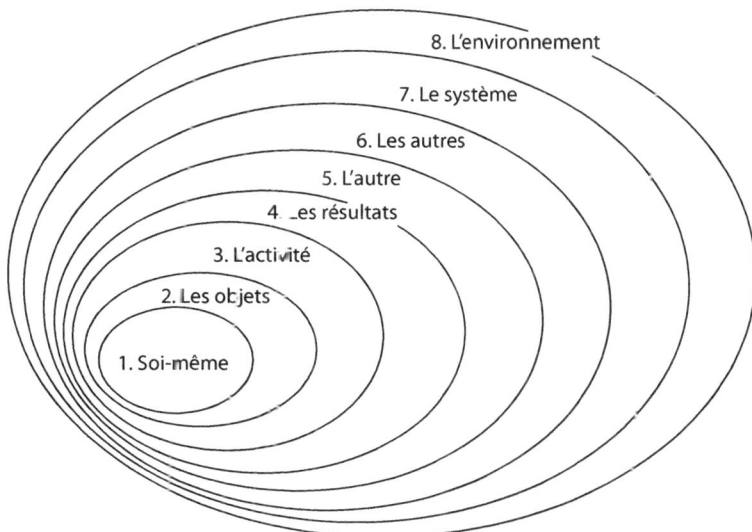

8. L'environnement
7. Le système
6. Les autres
5. L'autre
4. Les résultats
3. L'activité
2. Les objets
1. Soi-même

Exemple de degrés d'intégration : l'équipe des caissières

Suivant l'étendue du champ d'intégration, on peut être centré sur :

1. Soi-même

Arsélia s'occupe de son collant qui file, et se fait les ongles en attendant les clients. Quand ils arrivent, elle ne s'interrompt pas : elle achève la main commencée. Il faut que sa chef la rappelle à l'ordre pour qu'elle reprenne le travail.

Elle ne touche pas au sac de poisson qui coule, et ne nettoie pas son tapis : elle craint de se salir. Elle ne regarde pas les clients mais leur raconte ses malheurs avec le facteur. Elle s'arrête à nouveau en appelant la caisse centrale : son siège est cassé. Elle attend !

2. Les objets : ce qu'on possède

Baptistine soigne ses petites affaires, règle son siège, parle avec sa voisine du choix de ses papiers peints ou de son nouveau véhicule. Elle commente les achats des clients. Elle soulève le sac de poisson avec une serviette en papier et un regard dédaigneux, puis nettoie longuement le tapis avec force produits et papiers absorbants.

3. L'activité : la technique, les moyens, les procédés

Célestie change son rouleau de papier avant qu'il soit fini, cela lui prend du temps : ça doit être parfait. Sa caisse est impeccablement rangée, ses outils sont en ordre. Elle tend un papier au client avant qu'il dépose son sac de poisson. Elle manipule les produits avec dextérité, trouve toujours les codes-barres ; si l'un d'eux ne fonctionne pas, elle saisit immédiatement le code à la main. Elle ne s'arrête jamais pour parler au client ou le regarder ; au bout du tapis, les objets s'accumulent. Elle a fini avant que le client ait passé le portique avec son chariot.

4. Les résultats : les objectifs, les produits

Après les avoir scannés, Delphée remet les produits dans l'ordre où le client les avait déposés. Elle fait attention à ne pas mettre le raisin sous la boîte de conserve, double l'emballage du sac de poisson. Elle n'a pas besoin de chercher le prix du radis noir, elle le connaît par cœur. Elle attend que le client commence à charger son Caddie pour continuer à passer les articles.

5. L'autre : l'individu isolé, dans une relation interpersonnelle

Élixia lève le nez, regarde le client, lui dit bonjour et lui sourit. Elle adapte son rythme : plus vite avec le grand monsieur pressé, plus doucement avec la mamie. Elle l'aide à remplir ses sacs. Elle trouve un mot pour chacun, reste discrète et peu bavarde avec la dame qui a l'air grave, échange des regards, fait remarquer qu'un article est abîmé, indique au client que sa carte de fidélité sera bientôt périmée…

6. Les autres : le groupe, le collectif

Firmaine regarde régulièrement la file d'attente, échangeant un regard avec chacun. Elle invite le dernier de la file à passer à une caisse voisine pour gagner du temps. Comme elle sait toujours où se trouve sa responsable, elle ne perd jamais de temps quand sa caisse est bloquée.

7. Le système

Gonthière parle des promotions, explique aux clients les avantages. Elle connaît tout le monde dans le magasin, sait qui fait quoi et peut renseigner les clients dans tous les cas. En cas de problème aux caisses, les responsables de rayon viennent la voir ; on lui confie la formation des nouvelles.

8. L'environnement

Hermène s'intéresse à l'enseigne, elle demande à participer aux groupes de travail. Elle aide les collègues à s'y retrouver dans les procédures d'intéressement. On lui a confié l'animation d'un « cercle de qualité ». Ses idées d'aménagement ont été réalisées. Bientôt, elle s'occupera des formations en salle sur la carte de fidélité.

Étendue du champ d'intégration

Le champ d'intégration se définit en termes de « centrage », ce dont la personne s'occupe prioritairement ; d'un centrage sur soi, jusqu'à une position décentrée, où soi n'est qu'un des éléments pris en compte.

Avoir un champ d'intégration étendu ne signifie pas que la personne se désintéresse des éléments de degré inférieur ; au contraire, elle intègre toutes les strates précédentes.

Les nuisibles ont au mieux un champ d'intégration de degré 1. Souvent, néanmoins, ils sont en deçà : ils ne dépassent pas le champ des émotions.

D'une manière générale, une personne ne tient compte que des informations qu'elle trouve dans sa « sphère » habituelle. Celle qui se préoccupe habituellement de son activité, de sa technique, aura des difficultés à s'intéresser à des éléments d'un degré supérieur, tels que les besoins des autres, les contingences d'un travail en équipe, ou les buts collectifs.

Plus le champ d'intégration est étendu, plus on est à même de faire face à des problèmes graves. À l'inverse, plus la taille du champ d'intégration est réduite, plus il est difficile de construire une réponse adaptée devant un imprévu ou une anomalie. Pire, ceux dont le champ d'intégration est très faible apportent des réponses qui créent des problèmes supplémentaires : c'est l'automobiliste qui, les yeux rivés à son compteur de vitesse et à sa « moyenne », décide de doubler dans n'importe quelle situation.

La taille du champ d'intégration n'a aucun rapport avec la position hiérarchique ni avec la complexité de l'activité. On peut être PDG avec un champ d'intégration limité, et opérateur de saisie avec un champ d'intégration de grande envergure.

Échelle de niveau du rapport au monde

Application du champ d'intégration
aux comportements sociaux

Niveau 4 : décentré, altruiste (degrés 5 à 8 du champ d'intégration)	Prête attention, cherche à intégrer la totalité de son environnement. Peut se représenter des contextes, des processus, des organisations qui le dépassent. Adapte, de sa propre initiative, ses comportements aux événements extérieurs. Prend en compte spontanément les intérêts et les préoccupations des autres.
Niveau 3 : acteur (degrés 2 à 5 du champ d'intégration)	Préoccupé de ce qui se produit dans le champ de sa propre activité (son métier, son entreprise, sa technique). Se représente les mécanismes de la technique et de l'opérationnel. Adapte son comportement aux événements si on le lui demande. Tient compte des besoins des autres s'il y trouve un intérêt pour son activité.
Niveau 2 : égocentrique (degré 1 du champ d'intégration)	Volontairement indifférent à l'environnement. Il ne s'occupe que de ce qui le concerne personnellement. N'adapte son comportement ou son activité que contraint et forcé. Seul, ne tient pas compte des besoins des autres. Veut aller jusqu'au bout de ce qui lui sert directement, quoi qu'il arrive.
Niveau 1 : implosif, nuisible (degré zéro du champ d'intégration)	Confond ce qui relève de l'environnement et ce qui relève de lui-même. A du mal à se représenter sa propre personne. Modifie son comportement et son activité de façon chaotique, manque de repères. Peut provoquer des troubles graves, en dépit de ses « bonnes intentions ».

Communiquer avec le nuisible

De l'inutilité de la communication orale

Par définition, le niveau 1 ayant un champ d'intégration minimal, voire presque inexistant, il ne peut pas saisir les signaux provenant de son environnement. Il ne perçoit que ceux qui viennent de lui-même (sans toutefois les comprendre vraiment).

En effet, plus on descend dans les degrés, plus on a du mal à comprendre les signaux extérieurs à son champ d'intégration.

• Le niveau 4 décode de lui-même les messages qui ne lui sont pas volontairement adressés. Il explore et analyse son environnement. Dans une soirée, il est seul à remarquer qu'une personne qu'il ne connaît pas semble très préoccupée de l'absence d'une autre.

• Le niveau 3 entend et prend en compte tous les messages qu'on lui adresse nommément (demandes, consignes, remarques, réprimandes, etc.).

• Le niveau 2 perçoit les messages venus du dehors de sa bulle lorsqu'ils sont appuyés et explicites : ordres, menaces, promesses, explications des enjeux, etc. Il peut s'y conformer.

• Le niveau 1 ne perçoit rien ; les menaces ou les ordres n'ont aucun effet sur lui. Il entend encore moins les arguments : il y est totalement imperméable, tant il est assourdi par les échos de ses bruits intérieurs.

En conséquence, il est totalement illusoire d'espérer convaincre, amadouer, influencer ou contraindre un nuisible par des injonctions, des ordres, des explications, car il n'a pas les récepteurs correspondants : autant parler à un extraterrestre.

Plus les arguments utilisés seront éloignés de sa sphère d'intérêt, moins il les percevra et moins ils seront efficaces.

À éviter

Ne cherchez pas à infléchir ce type de comportement en parlant à son auteur des attentes des clients, de l'ambiance ou de la pérennité de l'entreprise, de l'esprit de famille...

En revanche, toute personne, quel que soit son niveau, entend parfaitement ce qui évoque ses préoccupations centrales. Parlez de repos à un paresseux, il va bondir de son siège pour retourner dans son lit. Parlez d'argent à un cupide, il se met au travail, voire il investit. Parlez de malheurs à un malheureux (de préférence des siens), il vous entendra...

On ne peut entrer efficacement en communication avec les gens qu'à l'intérieur de leur champ d'intégration ; dans le cas d'un nuisible, il faut lui parler de ce qui le passionne, c'est-à-dire son ressort primaire : son repos, ses acquis, etc.

C'est le ticket d'entrée, la seule porte qui soit un peu entrebâillée dans sa muraille. Mais attention : cela ne garantit en aucun cas qu'on puisse aller plus loin.

Garde-fou

La communication avec un nuisible ne passe donc pas par la parole mais par des faits, des actes, des aménagements.

Le rebord de la piscine

On ne peut jamais être certain qu'un enfant de quatre ans, même s'il comprend bien ce qu'on lui dit, évitera de s'approcher d'une piscine sans surveillance. On peut en revanche être sûr qu'il ne tombera pas à l'eau quand la piscine est entourée d'une barrière infranchissable.

Comme celui des enfants, le champ d'intégration des nuisibles est bien trop pauvre pour qu'ils s'autogèrent grâce à de l'information ou des appels à leur intelligence. Vous devez donc les canaliser de façon extrêmement directive et concrète, sans faire appel à des leviers tels que leur bon sens, leur bonne volonté, l'intérêt commun, ou leur intérêt tout court.

Champ d'interaction, champ d'intervention

Champ d'interaction du ressortissant de l'autorité

Le comportement d'Arsélia, notre caissière de niveau 1, centrée sur elle-même, a des effets sur le client, les produits, la file, l'ambiance du magasin, sa fréquentation, etc. Aussi limitée que soit sa capacité de prise en compte, cet impact fait partie de son activité.

En effet, son « champ d'interaction » ne dépend pas d'elle mais de ses attributions. C'est ce sur quoi elle agit, positivement ou négativement, par sa position dans le système.

Dans l'exemple précédent, chaque caissière agit sur les mêmes paramètres : temps d'attente, information et satisfaction des clients, hygiène, facilité de gestion des stocks, fréquentation et fidélisation… Chacune peut y faire des dégâts ou des prouesses, se servir de ses attributions, de ses outils, de ses opérations de travail comme autant de capacités de service ou de capacités de nuisance.

Le tapis, la monnaie, le lecteur de code-barres, les modalités de paiement, sont autant de « commandes » à leur disposition. Ce sont potentiellement des moyens pour gagner du temps comme pour en perdre, pour faire plaisir comme pour interrompre le processus.

Chacun à sa place

Pour un fonctionnement efficace du système, il conviendrait en général de pouvoir respecter les règles suivantes :

* Les personnes qui occupent un rôle dans un système devraient avoir un champ d'intégration un peu plus grand que le champ d'interaction déterminé par ce rôle, de façon à prendre en compte tout ce sur quoi elles agissent.

> Exemples : en gris clair le champ d'interaction, en gris foncé le champ d'intégration.

Champ d'intégration adapté :

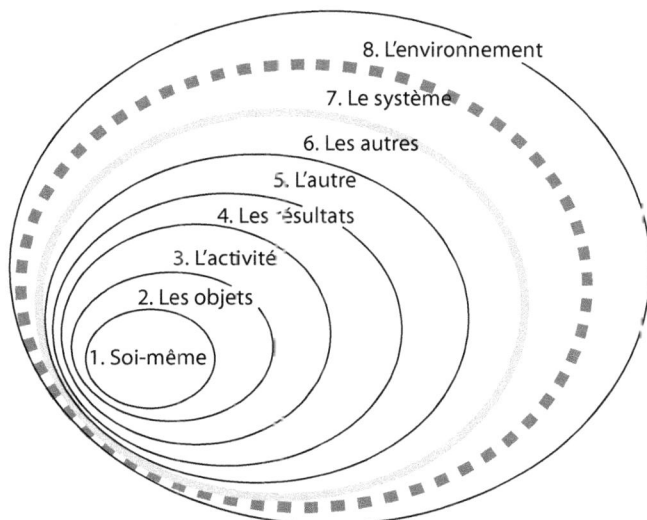

8. L'environnement
7. Le système
6. Les autres
5. L'autre
4. Les résultats
3. L'activité
2. Les objets
1. Soi-même

Champ d'intégration inadapté :

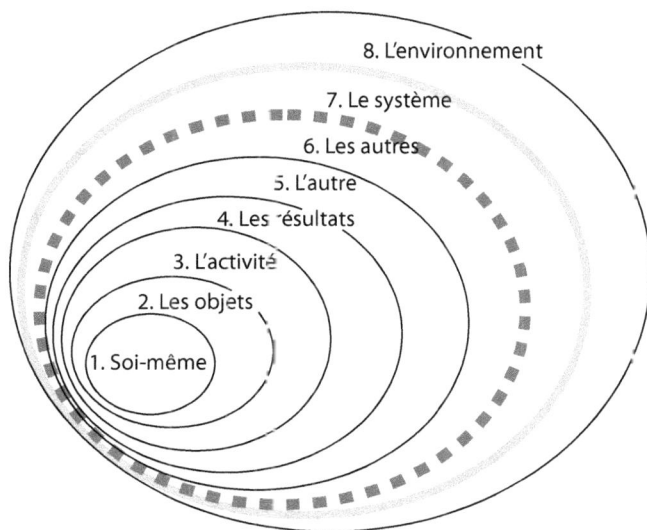

8. L'environnement
7. Le système
6. Les autres
5. L'autre
4. Les résultats
3. L'activité
2. Les objets
1. Soi-même

- Si une personne a un champ d'intégration beaucoup plus grand que le champ d'interaction requis par son rôle, ou sa mission, elle s'y étiole et risque de régresser, voire de devenir amère ; il faudrait lui confier un rôle plus ambitieux :

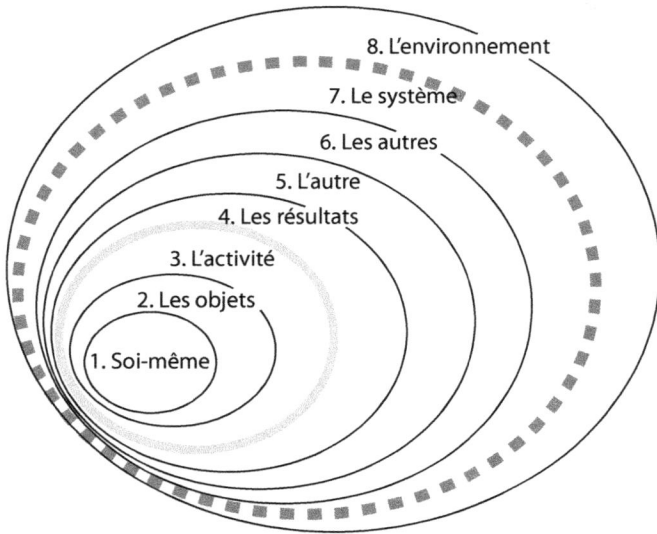

Xavier a 50 ans et a été chef d'entreprise dans le bâtiment ; il a dû cesser son activité pour raisons de santé. Il a trouvé un emploi de dessinateur dans un bureau d'études. Il pensait accéder rapidement à un poste à responsabilité ; son chef direct le confine à des tâches d'exécution et donne la promotion à un employé plus jeune, que Xavier continue à former. Ce dernier se résout à chercher un autre emploi.

- Quand le champ d'intégration est de plusieurs crans inférieur au champ d'interaction requis, le rôle n'est pas tenu et freine puissamment le fonctionnement du système :

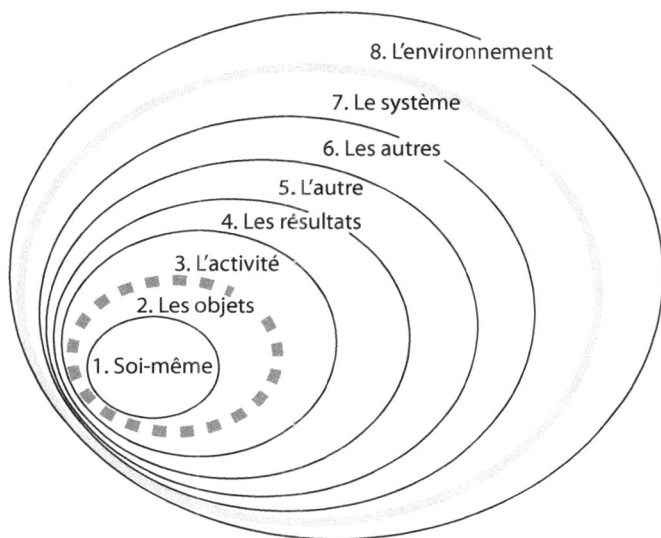

8. L'environnement

7. Le système

6. Les autres

5. L'autre

4. Les résultats

3. L'activité

2. Les objets

1. Soi-même

Jean-Louis est directeur commercial de la filiale française d'un grand groupe américain. Son rôle comprend la direction du marketing et des ventes. Il ne se préoccupe que de ses prochains repas dans les meilleurs restaurants et de faire le joli cœur auprès des clientes quand il le peut. Il a fait installer des toilettes contiguës à son bureau, qui lui sont réservées ; en ce moment, il passe beaucoup de temps à la nouvelle décoration de son bureau. Son adjoint ne parvient pas à le mobiliser pour organiser une réunion de crise. La concurrence sort une nouvelle gamme qui peut bouleverser le marché français avec des produits apparemment plus performants, mieux packagés et surtout moins chers. Mais Jean-Louis considère qu'ils ne risquent rien, que « ça ne marchera pas ». C'est aussi la conviction de sa maîtresse en titre (l'assistante du patron). D'ailleurs, les Américains n'ont pas donné de directives. De toute manière, il n'a pas le temps, car il prépare son voyage du mois prochain au siège de Miami.

- Quand le champ d'intégration est de degré 1 ou 2, pour un rôle qui exige 6 à 8 degrés d'interaction, la personne est un nuisible et devrait être écartée, car elle crée des troubles considérables pour le système.

> Il y a deux ans, le même Jean-Louis a bloqué un projet de la R&D portant sur la création de produits novateurs, équivalents à ceux qui apparaissent maintenant sur le marché. Sa réaction a été : « Trop difficile à expliquer aux Américains, ce n'est pas notre métier, on ne sait pas vendre ça, de toute façon le marché n'est pas mûr, les investissements trop lourds, etc. D'ailleurs, si ça avait un avenir, un concurrent s'y serait déjà mis. » Il avait définitivement clos la question en trois semaines, avant de partir en vacances – il ne fallait surtout pas gâcher celles-ci ! Le directeur du R&D, que Jean-Louis avait ridiculisé en public, est depuis parti à la concurrence... avec son projet.

- Plus l'écart est grand entre le degré 1 (occupé par le nuisible) et les attributions du poste, plus la nuisance est grande : un nuisible l'est d'autant plus qu'on lui confie un rôle plus important. Un renard n'est pas un nuisible dans la nature, mais c'en est un terrible s'il pénètre dans le hangar d'un élevage avicole.

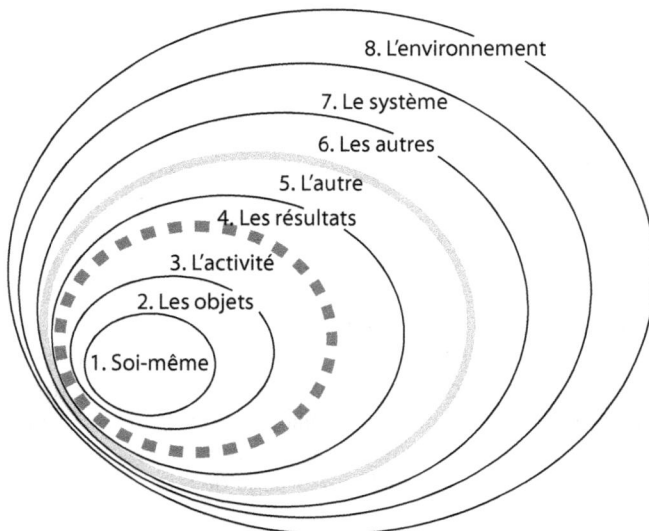

8. L'environnement
7. Le système
6. Les autres
5. L'autre
4. Les résultats
3. L'activité
2. Les objets
1. Soi-même

> Quand la nouvelle gamme arrive sur le marché, elle emporte rapidement 18 % des parts ! La maison mère tombe des nues, Miami délègue un directeur qui découvre rapidement la passivité de Jean-Louis et l'historique du fameux produit. À sept ans de la retraite, Jean-Louis est immédiatement limogé. Aux dernières nouvelles, il sévit avec bonheur comme inspecteur pour un guide gastronomique. Sa femme est aux anges. Mais le guide s'inquiète : il semblerait qu'il laisse entrevoir sa mission aux restaurateurs pour être mieux soigné...
>
> Que faire de lui, sinon un simple consommateur ?

Jour après jour, les mauvais effets d'un nuisible s'accumulent. Leurs coûts dépassent les maigres avantages qu'il peut y avoir à le conserver dans les rangs.

Le plus efficace est de réaffecter le nuisible à un rôle adapté à la taille de son champ d'intégration. Encore faut-il en avoir un ; dans notre société où tous les rôles comportent un certain degré de technique et de capacité d'interaction, c'est de plus en plus rare.

Aussi, il reste une solution bien meilleure encore, en amont : ne pas le recruter[1] !

Champ d'intervention de l'autorité

L'autorité a elle aussi son champ d'interaction, qu'on appelle le « champ d'intervention » : ce sur quoi le tenant doit agir pour protéger le système (le maintien de l'activité, la gestion des stocks, l'animation des équipes, la clientèle, les conflits...).

Le champ d'intervention est défini par les exigences et les responsabilités de la fonction.

---

1. C'est plus facile dans l'entreprise que dans la famille, où l'on ne choisit pas ses protagonistes. On reviendra sur ce point particulier dans la seconde partie.

Il s'agit donc de prendre en compte, comme pour le champ d'interaction :

- vous-même, c'est-à-dire le tenant de l'autorité, chef d'entreprise, manager, DRH, responsable d'association ou de groupe, parent : votre santé, votre disponibilité, votre réflexion, vos besoins de récupération, vos compétences, etc. ;
- les objets : ce que possède et utilise le système : son patrimoine, ses locaux, ses outils, ses véhicules, ses matériels, son stock, etc. ;
- l'activité : la technique, les moyens, les procédés, les procédures, les comportements, les documents ; et pour la famille : la vie en communauté, les loisirs, les horaires, les travaux domestiques, etc. ;
- les résultats : les objectifs, les produits, les performances (qualité, chiffres de vente, bénéfices) ; et pour la famille : la santé de ses membres, les richesses accumulées, la réussite des vacances, l'espace vital, etc. ;
- l'autre, c'est-à-dire chacun des participants au système en tant que personne : ses besoins, ses problèmes, ses particularités, ses intentions, etc. ;
- les autres : le groupe, le collectif, les relations, les réseaux, les clients ; et pour la famille : les voisins, les amis, l'école, les fournisseurs, les visiteurs, etc. ;
- le système lui-même : son fonctionnement, sa pérennité, son organisation, ses projets, son développement, sa culture ;
- l'environnement : les entités supérieures de tous niveaux (le milieu, la profession, les fédérations, l'État, etc.) ; et pour la famille : la famille élargie, le quartier, le village, les associations, etc.

La difficulté pour le tenant de l'autorité est de prendre en compte la totalité de ces niveaux. La masse et la complexité des éléments à gérer sont beaucoup plus grandes pour lui.

Dès qu'on dépasse le degré 1 du champ d'intégration, c'est-à-dire le soin de sa petite personne, cette masse augmente considérablement, et cela empire de degré en degré de façon exponentielle.

Le rapport entre champ d'intégration et champ d'intervention respecte les mêmes règles que précédemment :

- De façon à prendre en compte tout ce sur quoi ils agissent, les tenants de l'autorité devraient avoir un champ d'intégration un peu plus grand que le champ d'intervention déterminé par leur fonction.
- Si le champ d'intégration du tenant est beaucoup plus grand que le champ d'intervention requis par sa fonction, il s'y étiole et risque de régresser, voire de devenir amer ; il faudrait lui confier un rôle plus ambitieux.
- Quand le champ d'intégration du tenant est de plusieurs crans inférieur au champ d'intervention requis, la fonction n'est pas tenue et menace fortement le fonctionnement du système. Le tenant est donc un « nuisible par défaut de responsabilité sociale ».
- Quand le champ d'intégration du tenant est de degré 1, pour une fonction exigeant au moins huit degrés d'intervention, le tenant est un « ultra nuisible » qui devrait être écarté d'urgence du système, car il menace sa survie.

Mais d'autres règles spécifiques s'y ajoutent :

- Il est extrêmement difficile pour un ressortissant d'exprimer un champ d'intégration plus important que celui de son chef, car ce dernier le ramène toujours à son propre degré de fonctionnement.
- Le champ d'interaction d'un ressortissant est fortement perturbé et dégradé par les lacunes dans le champ d'intégration du tenant de l'autorité : il ne peut les compenser.
- Quand le tenant est un « nuisible par défaut de responsabilité sociale » (degrés 2 à 4 du champ d'intégration), il facilite le recrutement, l'affectation, l'expression et l'épanouissement des nuisibles, car il est incapable de gérer le phénomène de nuisance.
- Quand le tenant est un ultra nuisible, il s'entoure d'autres nuisibles, les cultive, leur donne des pouvoirs, il pervertit le système et/ou le mène à sa perte.
- Quand le tenant de l'autorité a un champ d'intégration élevé, il maîtrise les nuisibles, et s'il a du pouvoir, il n'en recrute jamais.

Message personnel aux dirigeants

(Ceux qui ont un champ d'intégration minimal de degré 8 et qui peuvent donc prendre en compte le contenu de cet ouvrage).

À faire :

Pour ne pas avoir de nuisibles à gérer, ne les recrutez pas.

Pour ne pas les recruter :

– éliminez rapidement du système les managers ultranuisibles ;

– ne recrutez plus des managers dont le champ d'intégration est inférieur au degré 7 ;

– ne recrutez pas de DRH dont le champ d'intégration est inférieur au degré 8.

Attention : le discours ne fait pas le champ d'intégration. Ce n'est pas parce qu'on disserte à longueur de temps sur les stratégies, les performances, le *reingeneering*, la politique, l'humanisme ou l'organisation matricielle, qu'on a un champ d'intégration correspondant.

Le monde est partiellement peuplé de nuisibles qui compensent leurs limites réelles en se réalisant dans l'éther de considérations virtuelles. Ce n'est pas parce qu'on parle de telle chose qu'on la prend vraiment en compte ; ce peut être le contraire, pour les tenants de l'autorité comme pour les ressortissants.

Il convient donc de rester attentif et d'observer dans tous les cas ce que fait vraiment la personne, en prenant beaucoup de recul vis-à-vis de ce qu'elle dit.

Le plus étonnant n'est pas qu'il existe des nuisibles, c'est qu'ils soient parvenus à pénétrer les systèmes. Pourtant, ils sont facilement repérables si on ne se concentre pas sur leurs diplômes, leurs discours convenus, leur expérience (preuve qu'ils ont réussi à sévir longtemps au détriment de nombreux systèmes).

Malheureusement, les critères déterminants du recrutement restent souvent en deçà des éléments de degré 3 : les systèmes acquièrent les acteurs qu'ils méritent...

--- **Faites le point** --

Mais au fait, êtes-vous bien sûr d'avoir vous-même un champ d'intégration de degré supérieur à 4 ?

Mesurez tout d'abord votre champ d'intervention.

Niveau 8	**L'environnement**	Vous êtes responsable des effets de l'action du système sur son environnement et de ses relations avec le milieu (professionnel, quartier, écologie, société, etc.).
Niveau 7	**Le système**	Vous avez en charge la gestion, l'organisation, la sécurité, la pérennité... du système (famille, unité, service, secteur, département, établissement, entreprise, groupe, etc.).
Niveau 6	**Les autres**	Vous devez vous occuper de groupes, d'équipes, de collectifs, de plusieurs personnes dans la même période ou le même espace, les servir dans l'ordre, les canaliser, les coordonner.
Niveau 5	**L'autre**	Vous avez des contacts avec des personnes qui dépendent de vous au moins un peu (leur temps, leur satisfaction, leurs moyens).
Niveau 4	**Les résultats**	Vous êtes responsable de la qualité des produits, de la maintenance, de la performance, du service, mais vous n'avez pas de contact direct avec les personnes intéressées.
Niveau 3	**L'activité**	Vous devez faire quelque chose et vous conformer au modèle, respecter la technique et les outils, mais sans obligation de quantité, de délai.
Niveau 2	**Les objets**	Vous utilisez des outils que vous devez garder en bon état, dont vous pouvez vous servir éventuellement, mais vous en faites ce que vous voulez comme vous voulez, sans obligation de production ou de résultat.
Niveau 1	**Soi-même**	Votre êtes totalement solitaire : vous n'avez de contact avec personne. Vous ne faites rien, vous n'avez rien à réaliser, vous n'êtes responsable d'aucun outil, d'aucune matière. Vous vous contentez de consommer et de dormir.

—— Testez votre champ d'intégration ——————————

La fin d'une journée, pour vous c'est plutôt :

- Vous n'avez pas pu être tranquille pour préparer votre loto.
- Enfin sortir du boulot ! Dire qu'il faut y retourner demain...
- Le bureau est en ordre, vous avez fait votre travail, vous pouvez vous reposer.
- Vous avez bien travaillé, comme d'habitude. Tout se passe bien quand on sait faire son job.
- Le temps de faire un bilan rapide, de s'ouvrir l'esprit, de s'informer...
- Vous êtes content : votre grand compte a enfin signé.
- Ça a été un moment super de pouvoir travailler avec X.
- Décidément, on forme une bonne équipe !
- Le trimestre prochain va être intéressant : le projet G22 va enfin démarrer.
- Vous songez au bureau de l'association qui vous attend ; enfin, nous sommes de vrais privilégiés en bonne santé, avec un emploi, un vrai métier...

Chapitre 3

De l'erreur humaine au sabotage organisé : analyse des pratiques sociales dégradées

Polo, le manutentionnaire de l'imprimerie, en a plein le dos.

D'habitude, c'est son chef qui lui crie dessus, mais aujourd'hui, même les copains s'y sont mis.

Quand on change le rouleau d'une des rotatives, tout le monde est mobilisé. La procédure est très précise et toutes les étapes de démontage, de manutention et d'installation doivent être respectées.

Après le démontage, Polo devait s'occuper d'une partie de la manutention du rouleau neuf avec le pont roulant. D'abord, le chef s'en est mêlé : « Mais enfin, Polo, c'est écrit en gros sur la procédure : doubles élingues ! Ca veut dire deux câbles, un pour lever, l'autre en sécurité… Bon ! Laisse ! Tiens, toi, Marcel, occupe-toi des élingues… »

Ensuite, Polo devait dégager l'allée centrale pour que le nouveau rouleau puisse être amené par le cariste entre les rotatives. Concentré sur sa manœuvre, Polo n'a pas vu qu'il écrasait la caisse contrôleuse de l'électricien… Là, le chef et l'électricien s'en sont pris à Polo : « On t'avait dit de dégager les allées ! »

Polo s'est défendu : « Vous aviez dit l'allée centrale, et pas toutes les allées… faudrait savoir ! Et vous n'allez pas faire toute une histoire pour une boîte à outils… »

Enfin, Polo devait rapprocher les rampes d'éclairage au-dessus du bâti ouvert. Comme il les a fait glisser un peu vite, deux rampes se sont percutées, et un tube de néon a explosé juste au-dessus de celui qui positionnait le rouleau. Là, tout le monde s'y est mis ! Polo a été écarté du groupe. En quittant l'atelier, il maugréait : « Non mais, qu'ils se débrouillent tout seuls ! Pourquoi ça devrait toujours être moi qui fais les sales corvées ! »

Avec les nuisibles, il est très difficile de dépasser l'agacement mêlé au sentiment d'impuissance qu'on éprouve face à leurs dérapages. Pourtant, il serait utile de conserver son sang-froid et un minimum de recul pour trouver des clés dans leur fonctionnement, qui permettraient peut-être d'anticiper sur leurs comportements et d'y réagir de manière efficace.

En observant Polo, on peut penser que pour en faire autant, il faut qu'il y mette une certaine mauvaise volonté ; ses arguments sont absurdes, sa mauvaise foi incroyable ; il nous prend pour des ânes...

Est-il totalement innocent ou le fait-il exprès ? Il convient d'y regarder de plus près.

De l'erreur à la négligence

L'erreur

À l'accueil de la résidence, Clarinde reçoit un visiteur qui cherche un nouveau résident, qu'elle ne connaît pas. Elle consulte le registre informatique, mais n'y trouve rien. Elle compulse donc le journal des entrées et des sorties : le résident y est inscrit, avec l'adresse d'un appartement.

Dix minutes plus tard, le visiteur revient, mécontent : visiblement, l'appartement indiqué est encore vide. Clarinde aurait dû et pu vérifier : la procédure exige qu'elle appelle la directrice, qui supervise toutes les installations, ou les techniciens qui ouvrent les compteurs.

Elle aurait ainsi appris que le nouveau résident est bien arrivé la veille (jour de RTT de Clarinde), et qu'on lui a attribué un autre appartement que celui initialement prévu. Cette modification n'a simplement pas été enregistrée dans les règles par Ronelde, sa collègue.

Si Clarinde n'a pas vérifié, c'est parce que d'habitude l'indication sur la fiche du journal de bord est la bonne. Et puis il y avait du monde à l'accueil, et elle a cru faire gagner du temps au visiteur... C'était une erreur.

Il est rarissime que Clarinde donne une fausse information. Elle s'en veut. Certes, si Clarinde avait plutôt songé à la fragilité de son information et à Ronelde, dont elle sait qu'elle n'est pas rigoureuse, elle n'aurait pas vu la situation de la même façon et n'aurait pas pris de risque. Après coup, c'est évident. La prochaine fois, c'est sûr, Clarinde vérifiera !

L'erreur est une action qui :

- a des conséquences négatives ;
- n'est pas conforme aux procédés de référence ;
- aurait pu ne pas être commise si son auteur avait réfléchi différemment ;
- est réparable, quoique coûteuse ;
- a lieu ponctuellement ou exceptionnellement ;
- est faite en toute bonne foi.

Tout le monde fait des erreurs.

La négligence

Si Clarinde faisait la même chose trois fois dans le mois, ce ne serait plus une erreur mais de la négligence.

La négligence est la répétition d'une erreur pourtant connue, qui ne peut avoir lieu sans une certaine complaisance de la part de son auteur.

En fait, une erreur se répare de deux façons :

- dans les effets concrets sur la situation, qui peuvent être compensés ou annulés ;
- dans le cerveau de son auteur : il modifie après coup la démarche mentale qui avait guidé son comportement initial ; il y insère de nouveaux paramètres d'alerte, de volonté, de valeur, d'intention, etc., pour se conduire autrement.

La négligence consiste à ne pas faire cette réparation mentale, et à reproduire indéfiniment le même comportement dans la même situation. L'expérience n'a pas de prise sur les personnes négligentes.

En l'occurrence, Ronelde a été négligente. On ne compte plus les fois où elle n'a pas mis à jour les documents administratifs pour des opérations qu'elle a suivies et réalisées. Pourtant, elle en fait dix fois par jour, les règles sont strictes. Comme Clarinde, elle sait à quel point ces oublis créent des problèmes. Mais ça n'a pas l'air de la motiver ni de la déranger : elle rate des mises à jour toutes les semaines. Quand ça lui arrive, c'est qu'elle a la tête ailleurs, qu'elle s'embrouille dans des situations un peu compliquées, qu'on lui met la pression. Et Clarinde ? Son dernier oubli doit remonter à plus de quatre mois.

La personne qui n'est pas négligente n'a pas envie de reproduire la même erreur. Elle modifie donc son schéma mental pour ne pas être reprise en défaut. C'est important pour elle.

Cette attitude est en lien avec son champ d'intégration : faire une erreur, c'est rater des éléments qu'elle aurait dû prendre en compte à son degré habituel de champ d'intégration. Il s'agit donc de « boucher le trou » et d'enrichir sa récolte de données supplémentaires. Cela lui permet de consolider son champ d'intégration et de rendre les conduites futures plus sûres.

Autrement dit, elle fixe dans sa mémoire, pour ce type de situation, des éléments nouveaux à prendre en compte. Elle élabore un nouveau « programme de conduite », une nouvelle compétence pour cette situation.

« Prise de tête »

La personne négligente ne suit pas cette démarche. Sur le coup, elle comprend, et peut penser qu'elle aurait dû faire autrement ; mais cela ne déclenche aucun changement. Car ce n'est pas important pour elle : elle considère l'événement comme une anecdote qui ne la concerne pas vraiment, et dont elle ne se sent pas responsable. Si on lui fait remarquer que ça se reproduit, elle répond que chaque situation est différente, et elle justifie sa conduite par des contextes particuliers. Quoi qu'il arrive, elle a fait ce qu'elle a pu : ce n'est pas de sa faute, c'est comme ça ! En dernier recours, son argument est toujours « on ne peut pas penser à tout, ce n'est pas humain... »

Il y a derrière cette attitude deux éléments de fond :

- Une très faible capacité de résistance à la pression. Dès qu'une situation devient difficile, compliquée, chargée, prégnante, la personne est dépassée et ne parvient plus à maintenir ses obligations. Elle se concentre sur un détail et abandonne le reste ; elle « craque ».

- Un degré de responsabilité très faible vis-à-vis de ce qui se passe en dehors d'elle : elle n'y est pour rien, ce sont les événements qui déclenchent son comportement. Elle refuse donc d'assumer la cause comme les effets de ses comportements sur son environnement. Ce refus se manifeste en amont : elle « ne se prendra pas la tête avec ça » ; et en aval : elle « n'y était pour rien ».

Dès lors que cette organisation du comportement est inscrite dans la personnalité sociale, la personne est forcément négligente face à la moindre anomalie qui apparaît.

Toutes les données, tous les discours qui ont pour but de la faire changer, subiront donc le même traitement :

- l'ennui : ça lui « prend la tête » ;
- le rejet : ce n'est pas à elle qu'il faut dire ça, mais au monde qui l'entoure ;
- la dégradation : elle n'en retient qu'une parcelle (la plus accessoire) et la déforme ;
- l'inutilité : ça ne déclenche pas de changement.

La répétition des mêmes discours n'aura donc jamais le moindre effet sur sa conduite. Ils ne satisfont que le tenant de l'autorité, qui veut ainsi se convaincre que lui aussi fait de son mieux...

Défaut structurel

L'acteur est supposé, mais le nuisible est bien réel. Soyons pragmatiques !

Chez les nuisibles, ce défaut d'implication qui conduit à la négligence est « structurel ». C'est un état d'esprit qui organise systématiquement leurs comportements face aux difficultés qu'ils rencontrent.

Concrètement, cela signifie que la personne n'est pas autonome pour garantir des comportements conformes : il faudrait être toujours à côté d'elle pour rattraper ses écarts ou vérifier immédiatement ce qu'elle fait (ou ne fait pas).

La personne négligente ne commet pas toujours des impairs ; mais elle en commet fréquemment, à n'importe quel moment et sur n'importe quel aspect de l'activité. Laissée seule, elle crée un état d'insécurité permanent.

La négligence est un mode de fonctionnement : l'autorité n'a donc aucun levier pour l'éradiquer. Elle ne peut qu'en limiter l'expression en cumulant divers moyens.

À faire

Ne pas laisser la personne sans surveillance.

Vérifier systématiquement ce qu'elle vient de faire dans des délais qui permettent éventuellement de réparer les dérapages.

Instaurer des procédures extrêmement strictes :
– qui anticipent toutes les erreurs possibles ;
– qui proposent un déroulement linéaire (une chose à la fois, chacune devant être achevée avant de passer à la suivante, selon une chronologie unique et obligatoire) ;
– qui contiennent des jalons de sécurité : une étape non traitée ou incorrecte arrête automatiquement le processus, déclenche un signal d'alerte et renvoie impérativement le processus au début de l'étape.

Déléguer la surveillance et la réparation à d'autres acteurs.

Encadrer la préparation des tâches confiées, et demander la présentation des stratégies envisagées avant d'en permettre l'exécution.

Sanctionner systématiquement les écarts par des mesures appropriées et connues à l'avance des participants[1].

---

1. Les règles de construction et d'exercice de la sanction sont détaillées dans *Développer son autorité*, *op. cit.*

En examinant l'histoire de Polo, on constate que :

- il a été laissé seul pour réaliser les tâches confiées ;
- on ne lui a pas demandé comment il comptait s'y prendre ;
- il n'avait ni modèle ni procédé de référence hors des consignes verbales ;
- personne ne l'a surveillé ;
- les autres n'ont pas vérifié qu'il avait accompli correctement ses tâches avant d'entreprendre les leurs ;
- on lui a confié de nouvelles tâches sans autre précaution après sa première erreur ;
- il n'a pas été sanctionné : le chef l'a simplement réprimandé avant de le décharger.

Dans cette histoire, le chef a agi comme si Polo était un ouvrier comme les autres, qui entend, comprend, respecte les ordres et fait ce qu'il faut.

Mais Polo n'est pas comme les autres. Ce n'est ni la première ni la dernière fois qu'il dérape : il est structurellement négligent.

En ne reconnaissant pas cet état de fait, le chef nie la réalité. Comme il n'adapte pas son mode de management en conséquence, il se condamne lui-même à être la victime des nuisances de Polo.

La négligence des ressortissants se nourrit de la négligence du tenant de l'autorité.

À éviter

Traiter chaque incartade comme une erreur isolée : ce faisant, l'autorité valide le système de justification du nuisible et gomme la notion de négligence.

Débattre autour de chaque événement, pour savoir si c'était une erreur, ses origines, et si la personne aurait pu faire autrement… Quelle que soit la situation, le nuisible aurait trouvé le moyen de la dégrader.

Dans la négligence, c'est donc la démarche qui est en cause. La nuisance est prévisible, certaine, et irréductible par avance.

Confier une tâche à une personne négligente sans autres précautions que des consignes verbales revient à prendre des risques énormes et stupides et à sacrifier la tâche. Autant confier la protection du poulailler au renard.

De la faute au sabotage

La faute

Le lendemain, Clarinde demande à Ronelde pourquoi le changement n'a pas été inscrit dans le journal de bord. La réponse est plutôt confuse. Clarinde se tourne alors vers la directrice, pour s'excuser de son erreur et clarifier ce qui s'est passé.

Elle apprend alors que la directrice était présente avec Ronelde, et qu'elle a décidé au dernier moment un changement d'appartement à cause d'un problème de plomberie. Avant de repartir pour sa tournée, la directrice a demandé à Ronelde de noter immédiatement la modification dans le registre.

Il était 16 h 40, et Ronelde pensait à autre chose : voilà deux heures qu'elle avait la chef sur le dos, et elle n'avait pas eu le temps de préparer sa soirée… Elle devait absolument appeler une copine ! La saisie pouvait attendre.

À 16 h 57, fin du coup de fil. Ronelde regarde le journal de bord, fait la moue, soupire. Elle doit passer chez le coiffeur. Et puis zut, Clarinde s'en occupera demain, il n'y a pas le feu. Elle éteint son terminal et enfile son manteau.

La faute est une action :

- contraire à la règle, au bon sens ou aux ordres donnés ;
- qui a un effet négatif connu et prévisible sur l'activité ;
- qui est commise de façon délibérée et en connaissance de cause.

Elle est intentionnelle. Elle est commise pour satisfaire un besoin personnel, même en sachant que cela va nuire au système.

La prévalence personnelle

Entre ses obligations vis-à-vis du système et ses besoins personnels, le nuisible choisit toujours ce qui lui convient, quoi qu'il en coûte au système.

Il ne pèse même pas le pour et le contre : il bascule toujours du même côté – le sien – y compris si son besoin est minuscule et que l'effet pour le système est gravissime.

Pour lui, l'alternative ne se pose pas en termes d'importance relative, mais seulement en termes de priorité personnelle : « C'est moi ou eux »… Et c'est toujours moi ! On appelle cette tendance la prévalence personnelle.

Il n'y a pas de volonté délibérée dans la négligence ; c'est seulement une façon de penser *a priori*, une attitude globale qui efface les différences entre les situations.

Dans le processus de faute, au contraire, il y a une délibération suivie d'un choix volontaire. En somme, la négligence est un mode de nuisance passif, la faute est un mode de nuisance actif.

La seule chose qui puisse empêcher le nuisible de céder à sa préférence est la pression exercée par l'autorité en cours d'exécution ou la menace de son intrusion imminente.

Un individu ordinaire peut commettre une faute exceptionnellement, parce qu'il a perdu momentanément ses repères de socialisation. Le plus souvent, c'est parce que la pression de ses besoins est anormalement lourde.

Ce matin, Gontran n'en peut plus : on lui en demande trop, personne ne reconnaît ses efforts, et on lui confie des missions impossibles. Alors non, c'est décidé, il n'enverra pas ce dossier, même s'il sait très bien que son supérieur l'attend. Il n'a qu'à se débrouiller lui-même…

Deux jours plus tard, Gontran regrette son geste. Ce n'est pas pour la sanction qu'il encourt (son supérieur a décidé de passer l'éponge), mais il se rend compte qu'il était tout simplement épuisé physiquement et nerveusement, et qu'il a pris la mauvaise décision.

Au contraire de Gontran, le nuisible multiplie les fautes sans en être affecté, indépendamment de toute pression. Il les commet dès qu'une contradiction apparaît entre ses besoins et les exigences de l'activité.

Ses besoins personnels sont toutes les envies que le système entrave :

- se reposer, se détendre, ne rien faire ;
- s'absenter ;
- aller où l'on veut ;
- dire ce qu'on veut à qui on veut quand on veut comme on veut ;
- ne pas s'inquiéter ;
- faire tout ce qu'on veut, s'adonner à son activité favorite ;
- parler avec des gens, parler des gens ;
- s'approprier ce dont on a envie ;
- s'amuser, jouer ou se distraire ;
- se fâcher quand on est mécontent ;
- exclure ceux qu'on n'aime pas ;
- casser les objets qui nous déplaisent ;
- etc.

À y bien regarder, voilà les besoins auxquels les enfants ont du mal à résister ; or, les nuisibles sont exactement dans la même situation. Ce sont des personnalités immatures, que le tenant de l'autorité ne peut pas rééduquer.

Prévenir la faute

En effet, si la prévalence personnelle est une étape normale qui précède la socialisation dans le développement de l'enfant, elle est chez le nuisible adulte un mode de vie, une règle inscrite dans le marbre. Comme la négligence, elle est structurelle. Et comme pour la négligence, les discours et les explications n'y changeront rien.

L'autorité doit être lucide. Elle ne peut obtenir du nuisible qu'il se régule de lui-même. La réalité est à l'opposé : tout espace d'autonomie

accordé lui permettra de satisfaire pleinement sa prévalence personnelle. Il s'en régalera forcément. Par définition, il ne peut pas y résister. Aussi les nuisibles cherchent systématiquement à s'isoler, à
« disparaître des écrans radars » : cela leur est nécessaire.

Celui qui confie une tâche au nuisible et le laisse seul pour l'accomplir
commet lui-même une faute : il crée les conditions idéales pour que
le nuisible s'en donne à cœur joie.

Aux règles de gestion de la négligence il convient donc d'ajouter *a
minima* des règles de prévention de la faute.

À faire

Ne pas confier de tâches ou des opérations à fort enjeu ou à risque au nuisible.

Ne pas lui confier d'instruments ou de moyens qui pourraient
être détournés pour d'autres usages.

Contrôler son utilisation des outils, méthodes et supports pendant et à la fin de la tâche.

Faire des points de supervision fréquents et aléatoires.

Sanctionner les fautes sans exception.

Le sabotage

La directrice découvre que Ronelde, malgré son ordre, n'a pas procédé à la saisie demandée et constate les ennuis qui en ont découlé.
Elle lui fait une remontrance assez vive, et menace de signaler l'incident au directeur des ressources humaines.

Pour se défendre, Ronelde prétend que le terminal était bloqué
et refusait les saisies. La discussion en reste là… du moins pour la
directrice.

Mais Ronelde est furieuse (d'autant que sa soirée et les jours suivants
se sont mal passés : elle s'est disputée avec sa copine pour une som-
bre histoire d'ex…). Une fois la responsable partie, Ronelde cherche
comment elle pourrait désamorcer la menace et châtier en passant
cette maudite directrice qui lui rend la vie impossible.

Elle a déjà remarqué que le système informatique a un défaut : il « plante » et perd les informations récentes quand on ouvre plusieurs fiches vierges à la fois (ce qui ne sert à rien).

Ronelde ouvre donc les huit dernières fiches enregistrées, puis en crée de nouvelles. Comme prévu, tout est bloqué. Elle appelle le service informatique en pestant. Le technicien arrive, constate le blocage et, après quelques tentatives infructueuses, redémarre le serveur. Les huit fiches ont été effacées !

Ronelde a beau jeu de dénoncer les problèmes informatiques ; elle en profite pour raconter à l'envi les accusations injustes dont elle a été victime...

Le stade de nuisance supérieur à la faute est le sabotage. Il est volontairement tourné contre le système sans autre motivation que de lui nuire ou le détruire. Le nuisible l'utilise lorsque l'autorité l'empêche d'exercer sa prévalence personnelle, quand il est contraint de contribuer au système, quand il se sent harcelé, étouffé, écrasé...

Vengeance

Dès lors, le sabotage est pour le nuisible une option de survie. Il compte ainsi faire exploser les carcans, désorganiser suffisamment le système pour retrouver ses marges de manœuvre, créer des brèches par lesquelles s'échapper. Son objectif est de punir, de se venger.

Un nuisible aguerri qui pénètre un nouveau système sait par avance qu'il pourrait un jour être contraint par des règles rigoureuses. Quand il vit depuis longtemps dans un système stable, il reconnaît et craint les autorités puissantes et déterminées. Dans les deux cas, il a donc tout intérêt à aggraver la confusion du système et à affaiblir l'autorité.

Le sabotage est donc pour lui une nécessité « stratégique », à laquelle il a recours par principe et par anticipation. Régulièrement, il « pose des mines », organise des cabales, détraque les machines, crée des distorsions, diffuse de fausses informations, etc.

Le sabotage est le sommet de son action sociale, son chef-d'œuvre ordinaire. Il sabote à toutes fins utiles, pour ne pas perdre la main, pour faire savoir qu'il est bien là, que ses capacités de nuisance sont intactes et qu'il reste intouchable.

Le sabotage est pour lui un moyen de chantage, l'instrument d'une terreur sourde mais prégnante.

Le sabotage est prémédité, organisé. Il est « proactif ».

Répondre au sabotage

On ne peut prévenir ni empêcher le sabotage à chaque fois ; l'autorité ne peut l'empêcher que ponctuellement. Dans un système ouvert sur le monde (comme le sont la famille, l'entreprise, l'association, l'hôpital, un voyage en train…), la volonté expresse de nuire gravement ne peut être totalement contenue.

Comme, dans ces types de systèmes, on ne peut incarcérer la personne dangereuse, il ne reste que la solution de l'exclusion.

En effet, la punition, même extrêmement sévère, ne change pas la nature du supernuisible ; elle excite seulement son besoin de vengeance. Il attendra donc une occasion de recommencer en toute impunité.

Elle viendra sûrement et, ce jour-là, le système sera démuni et condamné à conserver le parasite qui le dévore de l'intérieur.

À faire

Repérer le plus tôt possible (si possible avant de le recruter !) le nuisible saboteur : il commence toujours par de « petits coups », pour tester les réactions de l'autorité et du système. Ce n'est pas bon signe, c'est la preuve absolue de ses intentions.

S'en débarrasser séance tenante si c'est possible, quoi qu'il en coûte : la situation ne peut qu'empirer.

Si c'est impossible, ne surtout pas lui dévoiler qu'on l'a démasqué ; le surveiller et attendre la prochaine opportunité pour le prendre la main dans le sac.

Ne pas hésiter à recourir à la ruse et au piège afin de l'exclure : après tout, c'est la guerre…

On verra plus loin qu'il y a des réponses plus tactiques.

Salade de nuisances

Le nuisible ne fait jamais d'erreur, sauf peut-être celle de se faire pincer quand il ne le veut pas.

Il vous concocte tous les jours des assiettes composées : quelques fautes sur un lit de négligences, agrémentées parfois d'un sabotage pour le dessert. Il est très prévisible pour la sauce relationnelle et la répétition des négligences, créatif dans l'invention des fautes, surprenant dans la préparation des sabotages.

Plus la tâche confiée est importante, plus les plats de nuisances qu'il vous sert sont riches, variés et lourds à digérer.

Vous lui donnez du boulot ? Il est inépuisable. Vous ne lui en donnez pas ? Il vous en sert quand même !

Ne lui donnez pas accès à votre cuisine.

SECONDE PARTIE

MAÎTRISER LES NUISIBLES

Des leviers existent pour réduire significativement les comportements toxiques des nuisibles et leurs effets. L'autorité peut limiter leurs nuisances par une gestion drastique de leurs activités, et par des formes de relations efficaces.

Selon la nature du milieu, entreprise, famille, relations sociales, elle peut également organiser son intervention en utilisant des méthodes adaptées.

Elle peut enfin user de stratégies plus audacieuses...

Chapitre 4

Gérer les nuisibles
dans leurs activités

Le stage

Nanthilde doit participer à une formation de formateurs, qui commence à 9 heures précises. Échevelée, elle arrive à 9 h 25. Elle dit bonjour, s'excuse de son retard, prend son chevalet, cherche une place, oblige au passage deux stagiaires à se déplacer, pose ses affaires, et retire son manteau en occupant l'espace.

La discussion porte sur les horaires du stage. Elle réagit brutalement : commencer à 8 h 30 pour finir plus tôt le dernier jour, c'est impensable. Elle est chargée de famille ! Devant son ton péremptoire et cassant, les autres participants, « provinciaux » pour la plupart, cèdent à ses exigences. Nanthilde propose d'écourter plutôt la pause-repas en mangeant un sandwich, ou même de la supprimer : elle, personnellement, ne déjeune jamais. Levée de bouclier des « bons vivants » : hors de question de ne pas manger ! En revanche, on peut réduire la pause-repas à une heure.

Tout le monde est d'accord pour 9 h – 17 h 30 ? Non. Nanthilde relance le débat : 9 heures, c'est trop tôt ; elle doit accompagner ses enfants à l'école, elle ne peut arriver avant 9 h 30.

On apprendra plus tard qu'il y a une garderie… Mais « ses enfants ont besoin d'elle ! » On apprendra également qu'elle fixe l'horaire d'ouverture des formations qu'elle dispense dans son secteur à 10 heures au lieu de 8 h 30 ou 9 heures, pour être sûre d'être présente ; et elle ne parle jamais de rattrapages horaires.

Troisième session, exercice pédagogique censé durer cinq minutes. Nanthilde, dans le rôle de l'« apprenante », doit réaliser un scoubidou. Valérine, dans le rôle de la « monitrice », a tout préparé. Nanthilde annonce qu'elle est une experte du scoubidou. Valérine la laisse faire seule ; mais elle s'aperçoit vite que Nanthilde n'arrive à rien. Elle lui propose de l'aide, mais « l'apprenante », dans un premier temps, refuse la méthode proposée et s'en tient à la sienne. Face à ses échecs répétés, elle finit néanmoins par accepter ; mais à chaque recommandation de Valérine, Nanthilde rétorque : « Comme ça, je n'y arriverai pas » ou « Ce n'est pas la même couleur »…. Valérine ne sait plus que faire, mais reste patiente et compréhensive.

Un quart d'heure après le début de l'exercice, Nanthilde s'escrime toujours sur son scoubidou, et refuse de s'interrompre malgré l'intervention de la responsable du stage. Elle va réussir !

Débriefing. Nanthilde annonce : « Valérine est vraiment patiente ; moi, je ne suis pas comme ça. »

Ce sera confirmé lors d'un exercice où sont simulés des problèmes dans le groupe : Nanthilde devenue formatrice, prend en grippe un participant qui n'est pas d'accord avec ce qu'elle dit. Elle le menace d'exclusion, hausse le ton, le montre du doigt et finit par se mettre réellement en colère. Le stagiaire reste calme. Trois minutes plus tard, arrêt de l'exercice, il faudra lui taper sur l'épaule pour qu'elle parvienne à sortir de son rôle.

Il est plutôt aberrant de confier la fonction de formateur à une personne, préoccupée d'elle seule, qui manque de rigueur et ne parvient pas à communiquer avec ses pairs. Le patron du secteur qui l'a affectée à cette mission a surtout pensé à s'en débarrasser, négligeant les impacts qu'elle pourrait avoir sur ses futurs stagiaires comme sur leurs compétences.

Compétence et incompétences des nuisibles

Qu'est-ce que la compétence ?

Quand elle commet une erreur, une personne « normale » élabore un nouveau comportement, un nouveau « programme de conduite ». C'est la définition que nous donnons de la compétence[1].

---

1. Cette approche de la compétence est largement développée dans notre ouvrage, *Pilotage des compétences et de la formation*, AFNOR, 2004.

La compétence est un programme de conduite qui pilote notre comportement dans une situation identifiée.

Nous sommes par exemple compétents pour nous préparer le matin : entre le moment où nous sommes réveillés et celui où nous sortons de chez nous, nous avons effectué de nombreux gestes, d'une certaine façon et dans un certain ordre.

Un défaut structurel

La compétence est un programme en mémoire dans le cerveau

Tous les matins, nous reproduisons à peu près la même trame de comportement. Nous suivons une sorte de routine qui nous dicte quoi faire, quand, et comment. Nous n'avons pas besoin de réfléchir pour analyser et décider de notre conduite au fur et à mesure des événements : elle s'exécute dans une situation donnée et se déroule d'elle-même quand tout va bien.

Mais chez le nuisible, le programme est instable ; le nuisible en perd ou en modifie facilement des morceaux.

La compétence est très personnelle

Dans des conditions identiques, chacun se prépare à sa façon : l'un se lève lentement et déjeune avant tout, un autre bondit du lit et fonce sous la douche… Tous parviennent à peu près au même résultat.

Le nuisible aussi a ses procédés originaux ; mais ceux-ci ne lui permettent pas d'atteindre les résultats communs.

Good morning nuisible

Hasard ou fatalité ? Le réveil d'Oreste tombe très souvent en panne, et sonne toujours en retard. Il voudrait déjeuner, mais ne sait pas très bien de quoi il a envie, et fouille les placards de la cuisine. Tiens ! Et s'il faisait la liste des courses ? Il doit amener les enfants à l'école, mais il trouve indispensable que, ce matin, ils rangent leur chambre et récitent leurs leçons avant de partir… même si, du coup, ils oublient leur cartable. Les enfants déposés, Oreste est déjà en retard : il décide donc de tester un nouvel itinéraire pour aller au travail ; il sera certainement plus rapide…

Ce matin-là, Oreste n'a « que » quarante minutes de retard. Il entreprend immédiatement de s'en justifier en détail… devant la machine à café !

La compétence est déterminée par les caractéristiques de chaque situation, elle y est adaptée

Suivant que nous sommes chez nous, à l'hôtel, en camping, chez des amis ou dans un train de nuit, notre rituel du lever n'est pas le même.

Le nuisible, lui, ne s'adapte pas à l'environnement : c'est l'environnement qui doit s'adapter à son programme.

La compétence répond aux problèmes rencontrés dans la situation

La malédiction de la machine à café

Catastrophe pour Oreste : plus de café dans le distributeur ! Ses collègues prennent leur mal en patience : ils choisissent un thé, ressortent la vieille cafetière du placard, ou se passent carrément de café. Chacun a sa méthode. Mais Oreste, lui, ne peut s'y résoudre. C'est comme ça, il n'est bon à rien sans son petit noir du matin. Il entreprend d'appeler le réparateur, puis de démonter lui-même la machine (c'est facile, il l'a déjà vu faire). Quand, au bout de dix minutes, la machine ne fonctionne plus du tout, Oreste tombe dans l'apathie et se lamente. Et d'ailleurs, si cette machine est en panne, c'est bien la faute de quelqu'un, non ? Oreste décide de mener son enquête, jusqu'à ce que son chef de service le croise dans les couloirs et lui demande de se mettre enfin au travail.

Le programme de conduite du nuisible ne comporte pas de réponses adéquates aux anomalies de la situation.

La compétence permet à la personne d'être autonome dans la situation

Nous n'avons *a priori* besoin de personne pour nous préparer le matin. Comme dans l'exemple d'Oreste, le nuisible est « indépendant » – c'est-à-dire qu'il fait ce qu'il veut. En revanche, il n'est pas autonome. L'autodiscipline lui fait totalement défaut. Seul, le nuisible dérape complètement dans le temps, les activités, la qualité des réalisations, la conformité, etc.

La plus petite compétence est composée de milliers de capacités

Pour élaborer une compétence aussi simple que de se préparer le matin, il faut avoir acquis de très nombreuses capacités telles que : reconnaître la couleur de ses chaussettes, se laver les dents, tourner la clé dans la serrure, etc.

Le programme de conduite du nuisible est plein de lacunes. Il lui manque de nombreuses capacités indispensables. Ces déficits dégradent fortement l'efficacité de son programme.

Une compétence ne s'apprend pas dans les livres

Elle se construit lentement, par l'expérience, à travers un processus d'essais-erreurs.

> **4 000 matins**
>
> Il faut en général douze à quinze ans, soit environ 4 000 matins, pour qu'un enfant acquière une autonomie totale dans sa préparation.

Le nuisible ne tient pas compte de ses erreurs et reste sur des programmes inefficaces. Il n'apprend pas.

L'accumulation des savoirs ne fait pas la bonne compétence

Une personne peut tout savoir, et savoir tout faire pour se préparer le matin, cela ne garantit pas qu'elle aura un programme de conduite efficace. Elle peut se mettre toujours en retard en traînant ou en faisant autre chose, oublier des traitements, s'embrouiller, suivre des chronologies aberrantes, etc.

Le programme de conduite du nuisible est décousu et inopérant dans sa logique, ses chronologies, ses circuits, ses pondérations.

La formation inutile

Le nuisible est souvent comme un enfant qui n'aurait pas encore « calibré » ses comportements : ses compétences sont pleines de lacunes, régressives, incohérentes et inefficaces. Perdu dans sa logique inadaptée, dans son planning, dans ses objectifs, le nuisible tourne en rond, gâche son temps.

Dans ces conditions, comment pourrait-il s'améliorer, se former ? La formation n'a aucun effet sur lui. Le nuisible est réfractaire et hermétique à la formation ; il y participe pour se distraire ou trouver des prétextes pour contester le système.

Au mieux, il comblera quelques lacunes, mais il ne modifiera pas la structure profonde de ses programmes. Chez lui, ceux-ci ne sont pas conçus pour apporter des réponses efficaces et adaptées aux situations. Centré sur lui-même, il cherche seulement à satisfaire ses besoins primaires aux dépens du système. L'envoyer en formation n'est donc pas une piste de solution, sauf pour s'en débarrasser quelques temps.

Le nuisible a un problème de compétence, de construction. Il est comme une maison dont on aurait raté les fondations, construite avec un ciment friable, des matériaux mous, des pignons absents, des tuyaux bouchés dans la masse des murs, et aucune étanchéité. Colmatage et ravalement sont pratiquement inutiles, la maison n'est pas habitable.

Malheureusement, le tenant de l'autorité ne peut pas faire ou refaire l'éducation du nuisible. Il n'a pas de solution pédagogique, ni individuelle, ni collective : personne ne peut le reconstruire.

Six dimensions de « l'incompétence »

Chaque compétence est un programme de conduite dont la vocation est de répondre à une situation connue et de résoudre les problèmes qu'elle cause. Comme on l'a vu, elle ne comporte pas que des éléments de pur savoir. Elle se compose de six dimensions qui correspondent aux éléments qu'on trouve dans toutes les situations sociales :

- la technique ;
- les règles de fonctionnement ;
- les autres parties du système ;
- la relation avec les autres personnes ;
- la culture du système ;
- la relation avec l'autorité.

Dimension technique

Ce sont le savoir et le savoir-faire spécifiques à l'activité, les capacités particulières dans un domaine : les connaissances scolaires pour l'élève, la vente pour le commercial, les chiffres pour l'expert-comptable, l'habileté pour le sportif, etc.

Elle est la partie la plus visible de la compétence, celle qui permet de régler des problèmes techniques. En cas de déficit, elle est aussi la plus facile à compléter (par un conseil, une information, un livre…).

En général, le nuisible a à peine le minimum des savoirs techniques indispensables pour occuper le rôle qui lui est confié.

Règles de fonctionnement

Une personne peut être très savante, experte dans son domaine, et se montrer incapable d'arriver à l'heure à un rendez-vous, de conserver des traces de son travail, de transmettre des informations, des références, de remplir les formulaires, etc. Certes, on a affaire à un technicien hors pair, mais sa conduite sociale est catastrophique : ce qu'il fait ne sert à rien et est inutilisable. Il est inconséquent, il sème la pagaille. Il ne résout pas les problèmes, il en crée. Ses programmes de conduite ne comportent ni règles ni repères d'articulation avec le système proche. Il est incompétent dans son rôle.

Le nuisible est un grand artiste dans cette dimension.

Les intérêts des parties périphériques du système

On peut être un expert, maîtriser les techniques et fonctionner assez bien avec son entourage proche, mais être en conflit ouvert avec tout ce qui se trouve en dehors de son cercle restreint d'activité. C'est le magasinier qui se moque que le client trouve un objet cassé en ouvrant l'emballage : le paquet est fait dans les règles ! C'est le facteur qui laisse dépasser la lettre sous la pluie parce que « la boîte a une ouverture trop petite... ». C'est le jaloux qui raye en passant la voiture du voisin, dont il sait pourtant qu'il va se venger tout aussi stupidement... Ceux-là créent aussi des problèmes. Leurs programmes de conduite ne comportent pas d'éléments de réglage de leur comportement en fonction des tenants et des aboutissants de leurs activités, ils sont incompétents dans l'exercice de leurs fonctions vis-à-vis de l'environnement.

Tous les nuisibles sont dépourvus de compétence dans cette dimension : c'est bien trop loin de leur champ d'intégration.

La relation avec les autres personnes

La façon de se conduire dans les relations avec les autres fait partie de la compétence. Dès que l'activité nécessite des relations, le comportement a une influence déterminante. Un vendeur agressif ratera des ventes, un manager timoré n'assumera pas son rôle, un réceptionniste buté contrariera les visiteurs. Dans un monde où la communication tient une place de plus en plus importante, celui qui ne parvient pas à établir des relations normales avec ses interlocuteurs crée des troubles de toute sorte. Ses programmes de conduite sont altérés par sa bêtise, sa colère, son isolement, son silence, etc. Il n'est pas compétent de ce point de vue.

Les nuisibles présentent tous des difficultés de communication et ont des modes de relation dégradés, parfois pervers.

La culture du système

Pour tenir correctement son rôle dans un système, il convient d'en partager le langage, les codes, les valeurs ; de s'y trouver une place, une identité ; de construire un sentiment d'appartenance et des liens avec les autres. L'intégration d'une compétence dans un système met en jeu des éléments culturels.

Sans ces repères, on vit à contretemps, on commet des impairs ; on ne comprend pas ce qui se passe, et on ne distingue pas l'important de l'accessoire. Les programmes de conduite du nuisible n'intègrent pas les éléments de reconnaissance sociale qui lui permettraient d'être en phase avec le système. Il est incompétent au regard des modèles culturels.

Les nuisibles font leur marché dans la culture du système : ils en retiennent rapidement les mauvaises habitudes, les raccourcis, les prétentions. Ils délaissent tout ce qui contribue à la communication, à la coopération, à la compréhension mutuelle des besoins et à celle des opérations.

La relation avec l'autorité

La façon de se comporter sous l'autorité fait partie de la compétence. Une personne qui refuse les ordres, un subalterne obséquieux qui ne prend pas d'initiatives, un autre qui dit oui mais fait le contraire de ce qu'on lui demande, ne sont pas compétents dans leurs rôles exécutifs. Ils empêchent le fonctionnement optimum du système et réduisent la valeur de leurs activités.

Les nuisibles sont tous profondément incompétents de ce point de vue. C'est une de leurs caractéristiques principales. S'ils étaient compétents, l'autorité pourrait les discipliner, les retourner et les faire rentrer dans le rang.

L'incompétence protéiforme, puissante, ravageuse

En somme, dans toutes leurs activités, les nuisibles présentent un spectre d'incompétence extrêmement large. Le cumul de leurs déficits dans les six dimensions explique clairement pourquoi la moindre action de leur part risque très probablement de tourner au désastre.

Le peu de savoirs ou de savoir-faire dont ils disposent ne pèse pas lourd face aux défauts d'organisation de leurs comportements. Comment, alors, les gérer ?

Gérer l'incompétence des nuisibles

Les compétences des nuisibles sont réduites au strict minimum nécessaire à leur survie dans le système. En revanche, leurs incompétences se développent autant que le système les tolère.

En situation, rien ne peut les amener à amender leurs conduites par eux-mêmes. Et on a vu que la formation était inutile. Alors que faire ?

La structure qui manque à leurs comportements dans les six dimensions décrites ci-dessus doit être compensée et garantie par ailleurs. Mais ceci ne doit pas être trop coûteux pour le système : la solution ne peut pas être d'affecter un chef derrière chaque nuisible pour lui dicter sa conduite en détail.

Il n'y a pas de solution miracle ; mais l'autorité peut appliquer quelques principes dont l'association réduit significativement les capacités de nuisance.

Ne confiez pas à un nuisible des activités séparées

En général, quand on a un nuisible, on ne sait pas quoi en faire ; on a tendance à l'isoler dans des activités marginales. Comme il dérange les autres, tout le monde est d'accord pour le mettre à l'écart.

C'est pourtant dans ce contexte qu'il commettra le plus de dégâts, car on ne peut pas le surveiller : personne, dans son entourage, ne peut légitimement se mêler de ses activités en raison de leur caractère particulier.

À faire

Donnez-lui des activités communes, dans un espace commun, avec des horaires et des rythmes communs, à égalité avec les autres. Pris dans le collectif, le nuisible est redevable de ce qu'il fait au même titre que les autres, il doit montrer en permanence qu'il respecte les modèles et les procédures. Il est visible et lisible. Dans une équipe importante, il est canalisé par tous ses pairs.

Ne lui confiez pas d'activités diversifiées

Plus le nuisible a de tâches différentes, plus il démultiplie ses capacités de nuisance, et plus il est difficile de le contrôler et de le discipliner.

À faire

Limitez ses activités à un petit nombre de tâches récurrentes, où il y a moins de champs de comportements à maîtriser. Il lui sera alors plus facile de se concentrer sur ce qu'il a à faire. Dès qu'il a atteint une pratique à peu près satisfaisante dans chaque tâche, il est possible de les rendre automatiques. En réduisant l'éventail de ses activités, on limite ses possibilités de dispersion, on réduit au minimum les phases de transition. L'idéal est qu'il n'ait à réaliser qu'un seul type de tâche.

Ne lui confiez pas d'activités comportant des initiatives, des choix, de la création

Ces activités le mettent en situation d'exprimer pleinement ses capacités de nuisance. On sollicite ainsi des niveaux de compétences sophistiquées, hors de son champ d'intégration.

Quand le chef demande à Polo de dégager les allées, cela suppose un minimum de stratégie, d'évaluation, de choix du degré de détail, de savoir où ranger les objets dégagés ou seulement repoussés, etc.

À faire

Ne lui confiez que des tâches de pure exécution où il n'a rien à délibérer, décider, réguler.

Il ne doit décider ni du temps, ni du contenu, ni de la forme, ni de la méthode. Plutôt que des opérations mentales, ces tâches doivent comporter, de préférence, des opérations concrètes (donc physiques et visibles), qui ne requièrent que des compétences simples et faciles à modéliser.

Ne lui confiez pas d'activités compliquées sur le plan administratif, ou trop informelles

Si, au-delà des opérations de base dont il a la charge, un nuisible doit remplir des documents, sauvegarder des données, classer, prendre ou échanger des informations, formaliser des procédés, tenir des bilans d'activités, etc., ce seront autant d'occasions de négligences et de fautes qu'il ne ratera pas.

À faire

Ne lui confiez que des activités où il aura peu de tâches accessoires à réaliser par lui-même.

Ne lui confiez pas d'activités aux répercussions importantes

Plus les missions confiées au nuisible ont des conséquences graves ou sensibles au-delà de son périmètre, plus l'impact de ses fautes sera important. Ses programmes de conduite ne prennent pas en compte ce qu'il peut voir, ils peuvent encore moins tenir compte de ce qu'il ne peut pas voir.

À faire

Confiez-lui des tâches dont les résultats potentiels sont limités et peuvent être totalement évalués dans son périmètre immédiat. Il est moins dangereux de lui donner à faire la mise sous pli de formulaires que la rédaction et l'expédition du courrier de relance.

Ne lui confiez pas d'activités impliquant des relations et de la communication

Les activités relationnelles sont les terrains de jeux favoris du nuisible, ceux où il peut s'affirmer le plus puissamment. La vente, la réception du public, la garde des enfants, l'arbitrage, le pilotage de projet, l'enquête, en sont d'excellents exemples. Il y dispose de la profondeur de champ nécessaire, et ses capacités de nuisance peuvent s'y exprimer de façon insoupçonnable. Dans la mesure où il n'aime pas vraiment les autres, il peut les blesser, leur faire la leçon, les humilier, les frustrer, les contrarier, etc.

À faire

Confiez-lui des tâches qui comportent aussi peu de relations que possible, de préférence celles filtrées par l'autorité : traitement administratif, opérations de production, entretien courant, etc. Il est impératif de le tenir à distance des clients, des partenaires, des fournisseurs, des autres services. À l'extérieur, ne le laissez jamais seul avec les enfants, les patients, les apprentis, les prisonniers, toutes personnes dépendantes.

Ne lui confiez pas d'activités de management ou à responsabilités

Formateur, manager, responsable, chef de projet, pilote, parent, président... sont des activités où le nuisible accède au statut d'ultra-nuisible. En lui donnant de l'autorité, on transforme son champ d'interaction en champ d'intervention ; on creuse alors un gouffre insondable entre son incompétence et ses responsabilités. Ses capacités de nuisance, démultipliées par leur impact sur les activités des autres, atteignent leur paroxysme. Par la même occasion, on lui donne « officiellement » les moyens de faire souffrir son petit monde.

Nous croisons souvent des nuisibles en position de responsable. Il faut croire que quelqu'un leur a permis d'y accéder. Ne serait-ce pas un autre nuisible ? À moins que ce ne soit à la fois un lâche ou un irresponsable... mais y a-t-il une différence ?

Toutes ces activités étant éliminées, en reste-t-il une que vous pourriez lui confier ? Non ? Dans ce cas, désolé, mais vous ne pouvez pas vous payer le luxe d'adopter et d'entretenir un nuisible !

Gérer l'activité du nuisible

Nuisible contre système

Ceci étant, quand le nuisible est en place, on est parfois contraint de l'y laisser.

Cette situation délicate est la source de nombreuses injustices :

- les activités qu'il n'assure pas sont réalisées par les autres en plus des leurs, c'est injuste ;
- les problèmes qu'il crée sont résolus par les autres, c'est plus qu'injuste ;
- comme il saborde toutes les missions sensibles, on tend à ne lui confier que les tâches les moins lourdes et c'est encore injuste ;
- il sème la zizanie, agresse les autres, crée des tensions : tout le monde souffre et se tait ;
- dans la mesure où il est imperméable aux remontrances comme aux explications, on finit par ne plus rien lui dire ;
- quand on lui dit quelque chose, il faut subir son agressivité, ses jérémiades, ses réactions déplaisantes : on évite de le contredire.

À la longue, le nuisible atteint son objectif premier : « enquiquiner » son monde et avoir la paix.

Même alors, ça ne s'arrange pas. Il n'en a jamais assez, et lorsqu'il est parvenu à imposer sa posture au système, il est condamné à la défendre pour l'installer dans la durée. Il n'a donc aucune raison de s'arrêter…

Rétablir la justice

Dès lors qu'on lui laisse la moindre possibilité d'exercer, le nuisible en déduit que son attitude fonctionne et donc, il en rajoute.

Il est donc indispensable de le mettre en échec dans ses écarts de comportement, afin que ce ne soient pas les autres qui en subissent les conséquences.

Le nuisible doit achever ses tâches à tout prix

Ne demandez pas aux autres de faire ce qui lui incombe. Si on cède sur ce point au nom de l'urgence ou de la nécessité, on lui donne un moyen de pression pour les situations futures. Il sait qu'un autre réalisera ses tâches à sa place, et il en est parfaitement heureux.

Il doit payer seul pour ses fautes

Que ce soient les autres qui les réparent sera une récompense pour le nuisible. Lui faire rattraper ses erreurs ne le rendra pas meilleur mais en l'obligeant à passer du temps à des réparations, vous l'amènerez à limiter ses élans dévastateurs.

Il doit assumer pleinement les tâches qui lui reviennent

Quitte à y consacrer du temps, à l'encadrer, à le contraindre, à le faire recommencer après chaque ratage, ne réduisez pas la difficulté des opérations qui font partie de ses obligations. Dès qu'on s'aventure sur ce terrain, il comprend qu'il lui suffit de rater pour être débarrassé : rien ne lui est plus facile. Il va rater de plus en plus.

Quand la forme de ses relations aux autres n'est pas acceptable, il faut le « confronter » systématiquement [1]

Quoi qu'il en coûte, intervenez dès que les comportements du nuisible sont inconvenants. L'objectif n'est pas qu'il comprenne ou accepte le propos, mais qu'il retienne et que les autres constatent :

* qu'on ne lui laissera rien passer ;

---

1. La confrontation est un mode d'opposition où l'on affirme très clairement et crûment son désaccord, ce qu'on a à dire, en parlant des faits, sans porter de jugements, mais en restant poli et serein. Cette notion est développée dans *Maîtriser les conflits, op. cit.*

- que son attitude sera contenue pour le bénéfice des autres ;
- que les autres seront protégés.

Il faut le reprendre à chacune de ses incartades

Intervenez à chaque conflit ou dérapage. Le nuisible a beau être imperméable aux arguments, il déteste qu'on lui « prenne la tête » et est sensible à l'intervention.

Pour un nuisible, chaque écart non sanctionné (au moins par une remontrance) est validé implicitement, et devient donc un comportement « normal », qu'il est légitime de reproduire.

Il faut supporter son caractère et « retourner à la mine » autant que nécessaire

Son aigreur, ses plaintes, ses criailleries sont destinées à le rendre repoussant. Si ça marche, il en rajoute ; si ça ne marche pas, il se calme. En le confrontant sans hésiter, vous lui adressez un message clair : il peut se rendre aussi odieux qu'il veut, ça ne vous empêchera pas de le recadrer à chaque fois.

Il faut donner aux pairs du nuisible et à ses autres interlocuteurs la possibilité de se défendre

Chacun dans son entourage doit pouvoir officiellement se plaindre de son comportement, lui faire des remontrances, lui dire ce qui ne va pas ; vous devez soutenir l'entourage dans tous les cas. Ce n'est que justice, puisque les comportements du nuisible affectent les activités et le confort de tous, le fonctionnement et les résultats du système.

En fait, le nuisible fait subir une pression aux autres, une sorte de chantage permanent. En y cédant, on lui donne un pouvoir discrétionnaire dont il abuse.

À faire

Il est impératif de réunir toutes les forces pour lui opposer une pression plus importante. C'est lui-même qui la déclenche au moindre écart. Cela le canalise et circonscrit ses dérapages et ses velléités dans des espaces extrêmement restreints.

Le nuisible ne rentre dans le rang que sous la pression du système. Il est soit dominant, soit dominé[1].

Le nuisible et la responsabilité

La notion de responsabilité a deux sens :
• l'autorité sur quelque chose ;
• le fait d'être redevable de ses actes. Dans cette deuxième acception (celle de la loi), être responsable signifie qu'on peut être incriminé pour ce qu'on fait, qu'on peut nous le reprocher, et exiger de nous réparation.

Responsabilité du nuisible face au système

Le premier type de responsabilité ne doit pas être confié au nuisible. Pourtant, il ne peut être dégagé du second : il doit être responsable de ses actes devant le système. C'est donc à vous de lui demander des comptes, à vous de rendre le nuisible responsable, au choix :

0 : de rien ;

1 : de ses intentions vers le système ;

2 : de sa participation, sa contribution à l'action ;

3 : de la conformité de son action ;

4 : des résultats de son action ;

5 : des effets de son comportement sur l'environnement.

---

1. Voir des mêmes auteurs *Développer son autorité*, Éditions d'Organisation, 2007.

Niveau 0 de responsabilisation : responsable de rien

Nanthilde n'est responsable de rien ! Aussi, l'animatrice de la formation ne lui fait jamais aucune remarque. On lui accorde que ses retards incombent aux seuls transports, que ses conduites sont à imputer au scoubidou rétif et à l'attitude des autres participants, que cette formation est difficile… On la plaint, on la comprend : c'est son caractère, elle a des problèmes.

Niveau 1 : responsable de ses intentions

Nanthilde a bien essayé d'arriver à l'heure, d'apporter comme prévu des spécialités pour l'apéritif ; mais son fils a été malade, le métro était en panne… On ne lui en veut pas, car elle a longuement expliqué le pourquoi du comment. C'est l'intention qui compte.

Niveau 2 : responsable de sa contribution

Nanthilde participe aux exercices et aux travaux. C'est l'essentiel. La formatrice trouverait anormal qu'elle se tienne à l'écart des jeux de rôle, qu'elle ne dise rien. Certes, ses interventions sont incongrues et elle prend trop de place ; mais tant qu'elle apporte sa pierre, on l'accepte.

Niveau 3 : responsable de la conformité de son action

Nanthilde participe aux exercices et aux travaux, certes. Mais ses interventions sont hors-sujet et souvent perturbatrices. La formatrice la reprend régulièrement, en lui faisant comprendre de façon explicite que son comportement en tant que stagiaire doit être au moins aussi rigoureux que le comportement du formateur qu'elle prétend être.

Niveau 4 : responsable du résultat de son action

Nanthilde dérange le groupe et ralentit les travaux en arrivant en retard. Elle perturbe l'apprentissage des autres participants par ses interventions agressives et intempestives. Elle a du mal à comprendre, embrouille les échanges, coupe la parole, déconcentre ses camarades et crée une ambiance détestable. Certains s'en plaignent ouvertement à la formatrice, qui provoque une sévère mise au point en exigeant que Nanthilde se calme : elle ne peut pas laisser faire, et permettre qu'un seul participant affecte le travail de tous les autres.

Niveau 5 : responsable des effets de son comportement sur l'environnement

Nanthilde, qui s'était un peu calmée, s'énerve de plus belle à la session suivante et laisse entendre qu'elle fera largement savoir tout le mal qu'elle pense de cette formation aux futurs inscrits et partout dans l'entreprise. Les autres commencent à s'inquiéter de ses débordements et de leurs effets sur leur propre crédit. De son côté, la formatrice se préoccupe de ce qui arrivera aux futurs stagiaires de Nanthilde. Pour tous, ces comportements sont inacceptables car ils menacent à la fois la réputation de la formation qui est excellente, et celle des participants.

Le gestionnaire de la formation, alerté par des participants, s'inquiète. La formatrice décide de poser clairement le problème au gestionnaire dans une note écrite où elle résume les événements et fait part des problèmes de fond que pose pour l'entreprise une telle conduite de la part d'une future formatrice. Celui-ci la transmet au DRH.

Responsabilité de l'autorité face au nuisible

Être déchargé de toute activité est l'objectif primaire du nuisible ; être déchargé définitivement de toute responsabilité en est un second, plus ambitieux. Il ne devrait jamais être en mesure de l'atteindre.

Souvent, l'autorité abandonne les niveaux supérieurs de la responsabilisation du nuisible, y compris parfois dès le niveau 2, celui de la simple contribution. Habitué aux écarts du nuisible, on lui demande simplement de s'en excuser, et si possible de ne rien faire. Cette position est inepte : elle renforce automatiquement le nuisible dans ses pratiques.

Mais il y a plus grave : en cédant sur la responsabilisation du nuisible, vous cédez sur votre propre responsabilité. Si la formatrice de l'exemple s'en tient au niveau 1 ou 2, elle avoue son impuissance, et par là même son inutilité. Par la suite, elle aura beau s'agiter, se montrer ferme avec les autres (c'est plus facile), elle a plié ; elle est « grillée », elle ne tirera plus rien du nuisible qui a pris le pouvoir.

À faire

Annoncez clairement les niveaux de responsabilisation auxquels les acteurs sont soumis, et de quelle façon cette responsabilisation sera exercée (mise au point de chartes, engagements de stage, « contrats »…)

Concentrez vos efforts sur les trois niveaux supérieurs – effets périphériques, résultats, conformité –, et ne lâchez jamais sur ce terrain.

Sanctionnez les contrevenants degré par degré : contrôlez, confrontez, obligez à réparer, puis dénoncez publiquement les infractions répétées.

Mais rappelons qu'il ne peut y avoir de responsabilisation sans sanction effective. Et que la sanction doit être constante pour être efficace. En l'occurrence il s'agit pour le moins :

- de confrontations régulières ;
- de contrôles de conformité ;
- de dénonciations officielles et publiques ;
- de maintien de la charge de contribution ;
- d'obligations à réparer.

Gérer les différents nuisibles : le degré de nuisance[1]

Les nuisibles n'occasionnent pas tous les mêmes dégâts. Il convient d'adapter leur gestion à leur mode de fonctionnement.

On peut identifier succinctement plusieurs degrés dans la nuisance :

Degré de nuisance	Nature des nuisances
Incommodant **(Niveau de la relation)**	Le nuisible est désagréable dans ses attitudes, ses formes de comportement, ses modes de relation et de communication. Agressif, prégnant, invasif, il « fait du bruit », dérange, empiète, crée des histoires. *C'est le niveau où sévit Nanthilde ordinairement.*
Malsain **(Niveau des activités)**	Perturbe ou interrompt les activités, abîme le matériel, affecte les résultats, augmente les charges de travail, crée des distorsions dans les procédés, fait des ratés, absorbe les énergies. Pervertit l'information. *C'est le niveau où Nanthilde sévit quand elle perturbe le groupe.*
Nocif **(Niveau du fonctionnement)**	Désorganise, s'en prend aux partenaires, ternit la réputation du système. Entrave, déstabilise l'autorité, mène campagne, sabote les productions et les outils. Engage le système malgré lui. *C'est le niveau où est passée Nanthilde en menaçant de dénigrer la formation.*
Funeste **(Niveau du système)**	Vole ou vend le système, le trahit au profit de la concurrence, essaie de le torpiller. Génère des coûts exorbitants. Coupable de malversations, voire de brutalités physiques. Mène le système à sa perte. *Aux dernières nouvelles, Nanthilde n'est pas allée jusqu'à lancer une campagne de calomnies en diffusant des e-mails à toute l'entreprise.*

---

1. Ce tableau est à rapprocher des degrés du conflit développé dans *Maîtriser les conflits*, *op. cit.*

À faire

Ne traitez pas les différents nuisibles de la même façon. Ils n'ont ni les mêmes pratiques ni les mêmes conséquences sur les systèmes :

- L'« incommodant » affecte le système au niveau de la relation ; il doit être géré sur le plan relationnel et sur celui de ses activités, par un encadrement très rigoureux, selon les principes décrits précédemment.
- Le « malsain » affecte le système au niveau de ses activités. Il doit être géré au plan relationnel, sur celui de ses activités et de l'organisation. Il faut mettre en place autour de lui un encadrement drastique qui implique officiellement tous les acteurs du système.
- Au-delà de ces niveaux, il n'y a plus de solution de gestion raisonnable ou crédible. Seul un contrôle serré, permanent et dissuasif, synonyme de nombreuses confrontations, est envisageable pour le « nocif »… en attendant son exclusion.
- Quant au « funeste », l'exclusion immédiate est la seule mesure possible : il en va de la survie du système.

Cela dit, il faut être réaliste : un nuisible qui fonctionne à un degré de nuisance donné pourra au mieux être ramené au degré de désordre inférieur, mais probablement jamais à deux degrés en dessous de son degré de départ.

Dès que la pression se relâche, il retourne naturellement à son degré initial. L'encadrement des nuisibles est un traitement à vie. Il ne peut être interrompu.

Chapitre 5

Se comporter face aux nuisibles

Dans l'équipe municipale, Herluin est un personnage à part. Solitaire, renfrogné, il a parfois des élans de tendresse, comme le jour où il a offert des chocolats en faisant le tour de tous les services de la mairie (ce n'était ni Noël ni Pâques…). Herluin est balayeur et il a sa méthode à lui : jamais personne n'a pu obtenir de lui qu'il ramasse au fur et à mesure. Non, Herluin fait des tas, beaucoup de tas, qu'il ramasse ensuite. Même les jours de vent…

Un matin, rue des Cordonniers, son collègue Riton, en voyant le vent défaire régulièrement les tas, lui a dit qu'à ce rythme ils ne seraient pas à l'heure pour l'apéritif. Herluin est entré tout à coup dans une colère monumentale, et il a jeté tout son matériel par terre… Riton a même eu peur qu'Herluin s'en prenne à lui ! L'après-midi, Herluin était toujours introuvable… Le secrétaire de mairie l'a retrouvé dans l'atelier. Après avoir essuyé une bordée d'injures, il l'a convaincu de rentrer chez lui. Le secrétaire de mairie est une des rares personnes à pouvoir l'approcher quand il fait sa crise. Heureusement, Herluin n'est pas toujours comme ça !

Hier, il était tout calme, il a même plaisanté avec Monsieur le Maire (qui a sursauté en entendant la chute de sa dernière histoire de comptoir). Puisque c'était un bon jour, on a demandé à Herluin d'aller chercher, chez l'horticulteur, la livraison de primevères pour les massifs. Mais quand il est revenu, sans primevères, il avait sa tête des très très mauvais jours… Juste derrière lui, l'horticulteur est arrivé lui aussi l'air très très fâché. On aurait dit qu'une caissette de primevères lui était tombée dessus…

Les comportements du tenant de l'autorité ne sont pas sans effet sur ceux du nuisible. Non qu'on puisse l'amender ; mais on peut accentuer ou limiter ses écarts selon l'attitude adoptée dans la relation.

Discipline de conduite du tenant de l'autorité

La pire des choses à faire pour recadrer un nuisible est de lui servir de miroir. En utilisant les mêmes formes de communication que lui, on les alimente et on les justifie.

Dans tous les cas, vous devez bannir de vos comportements les cris, l'agression, les jugements, la menace, etc. Tous ces modes, utilisés par le nuisible, excitent ses ressorts et accentuent la pression négative qui le pousse de l'intérieur. La moindre incursion dans ces pratiques déclenche des pugilats où il devient impossible de distinguer qui a tort et qui a raison.

À partir du moment où vous vous laissez aller, où vous exposez vos sentiments (agacement, frustration, colère, peur, etc.), vous offrez au nuisible des leviers de provocation. Il peut ainsi vous « brancher », vous pousser dans vos retranchements. À la moindre occasion, le nuisible saura toujours comment contrarier vos besoins pour vous faire exploser.

Une sérénité indéfectible est donc une condition de base à toute reprise en main du nuisible.

Pouvoir tout entendre

Dans une discussion, le tenant doit pouvoir, sans manifester la moindre émotion, recevoir tout ce que dit ou dit avoir fait le nuisible. Quelle que soit l'horreur commise, la provocation lancée, l'ineptie de l'argumentation, il faut pouvoir entendre vraiment.

Écouter le nuisible

Le nuisible se contrefiche des résultats, de la morale, du bien et du mal, et de toute autre considération de valeur. Être offusqué, dire que c'est scandaleux... ne sert à rien. Au contraire, cela renforce ses mécanismes de défense et les motivations de sa conduite.

Si vous manifestez votre opinion, vos ressentis, vos besoins, cela permettra au nuisible de discutailler, de porter des jugements contraires, et de contester votre pensée et votre honnêteté.

À faire

Concrètement, pouvoir entendre signifie que vous :

- écoutez tout ce que dit le nuisible en détail, jusqu'au bout, sans broncher ;
- ne l'interrompez pas, et attendez la fin de ses phrases ;
- vous laissez toujours interrompre quand vous lui parlez ;
- posez des questions pour creuser son expression sans laisser transparaître votre avis ;
- reformulez à la fin pour faire valider que vous avez bien compris ce qu'il dit, ce qu'il veut, ses explications ;
- terminez la conversation en disant que vous avez bien compris.

Le nuisible se sent alors au centre du monde. Dans tous les cas, ce procédé l'apaise très efficacement.

Avoir entendu ne signifie pas pour autant qu'on soit d'accord. Qu'il le croie dans l'instant a peu d'importance ; l'important est de l'amener où l'on veut.

Objectifs de l'écoute du nuisible

Pourquoi, alors, échanger avec le nuisible ? On sait qu'il est hermétique, réfractaire à tout argument ; une telle conversation ne peut pas le convaincre ni lui faire accepter des changements volontaires.

Elle ne peut pas non plus servir au tenant pour exprimer ses besoins, ses émotions, ses opinions.

L'échange régulier avec le nuisible poursuit plusieurs objectifs :

- maintenir une relation minimale avec lui pour exercer de façon serrée le lien d'autorité ;
- analyser les ressorts de sa conduite, pour pouvoir anticiper chaque nouvelle situation ;
- l'apaiser de façon à le rendre maniable, immédiatement et de façon récurrente ;

- l'isoler au plan affectif, en lui faisant la démonstration jour après jour qu'il n'aura jamais la moindre prise sur vous ;
- le désarmer au plan tactique en le mettant dans une position inéquitable : il a tout dit de ce qui l'anime, il ne sait rien de ce que vous avez dans la tête ;
- éventuellement, trouver dans ce qu'il dit matière à l'influencer ou à le canaliser par le truchement de ses besoins, de ses craintes et de ses ressorts.

Dans ces échanges, qu'il ne faut surtout pas considérer comme des entretiens entre personnes sensées et responsables, vous devez rester dans une position d'examinateur, d'observateur.

C'est en adoptant une « position basse », inéquitable dans l'instant présent, où le nuisible a apparemment le dessus (il occupe la parole, la conversation tourne autour de lui), que le tenant de l'autorité se donne les moyens de circonscrire son interlocuteur. En l'occurrence, cette humilité n'est qu'un masque du pouvoir réel. Certains de l'avoir emporté, les nuisibles s'y laissent toujours prendre.

Vider les seaux

Il serait intéressant de savoir ce qui s'est effectivement passé entre le balayeur et l'horticulteur, autant dans les faits que dans la tête de Herluin. Mais pour le savoir, lors de l'entretien, il faut passer par une première phase : celle de la totale bienveillance, où le nuisible se sent suivi et compris, sans être jugé.

Dans cette phase, vous n'exprimez rien, ni idée, ni besoin, ni impression. Pour éclaircir les circonstances, laissez-le « vider son sac », « raconter son histoire ». Le contenu peut être particulièrement surprenant, voire nauséabond, mais il convient d'aller jusqu'au bout, quitte à vous « désensibiliser » (mettre de côté vos valeurs, vos ressentis…).

Dégagement personnel

Quand le nuisible insulte le tenant de l'autorité, ce dernier a tort de se sentir personnellement concerné et d'en être affecté. La figure de l'autorité n'est qu'un rôle dans le monde mental original du nuisible, elle ne correspond à aucune réalité objective, à aucune personne réelle. Dans son théâtre intérieur, le nuisible s'adresse à un personnage, avec un rôle et selon un scénario bien précis.

Bien qu'il se montre capable de s'exprimer, d'argumenter, « d'être comme tout le monde », le nuisible ne voit les autres que comme des personnages dont il aimerait faire ses pions, et pour lesquels il n'éprouve aucune empathie, aucune compassion. Il ignore totalement leur identité et leurs besoins.

Le nuisible attribue ainsi des rôles imaginaires à chaque personne de son entourage. Il est incapable d'entendre, de comprendre autre chose que ce dont il est déjà intimement persuadé, il se trouve donc dans l'impossibilité de maintenir la relation. Vos propos n'ont aucune valeur : ce n'est pas vous qu'il entend mais votre (son) personnage ! Il interprète très largement ce que vous faites, ce que vous dites. Il réécrit les dialogues et les événements à sa guise, vous prête des actes, des idées, des paroles, des sentiments… Le nuisible est un broyeur d'intentions, d'idées et de comportements. La réalité ne lui convient jamais ; alors il la révise, la remanie « à sa sauce »… Cette image transfigurée de la réalité lui dicte son comportement.

On ne peut ni s'adresser à son humanité ni faire état de sa personnalité propre. Il ne faut pas chercher à être compris par un nuisible. Il faut le considérer comme un répondeur sur lequel on dépose seulement un message.

À éviter

N'utilisez pas de phrase comme :
- « Vous ne pouvez pas dire cela », si, il peut le dire.
- « Je ne peux pas vous laisser dire cela », vous devez lui laisser dire.
- « Je ne veux pas entendre de telles choses », si, vous voulez les entendre.
- « Je n'accepte pas d'entendre des choses telles que… », si, vous acceptez.
- etc.

L'enjeu n'est ni votre ego, ni la bienséance, ni la morale ; ni d'occuper le terrain de la parole ; il s'agit simplement de le mettre à nu. Il convient de ne pas confondre l'honneur, dont il se moque, qui n'est pas en question, et la nécessité.

Une contingence désagréable

Se fâche-t-on contre un objet rétif, un instrument cassé, une circonstance dégradée, un animal apeuré ? Non ; c'est inutile. Ils n'entendent rien et sont insensibles aux récriminations. Mais il faut bien s'en occuper. On remet de l'huile dans la serrure qui grince, on réinstalle le logiciel défectueux, on rassure ; au pire, on remplace. Ce faisant, on n'en attend rien en termes d'intentions, mais seulement au niveau des fonctionnements qu'on va provoquer.

Pouvoir tout dire

De la même façon, le nuisible est une contingence désagréable, comme peut l'être un ordinateur en panne. Après l'avoir écouté, avoir identifié le défaut, l'incident, il faut trouver les puces qui lui permettront de fonctionner moins mal... du moins pendant un temps. Il y a de l'information à réinjecter dans la machine, mais cela ne peut se faire n'importe comment.

Séparer les phases de la transaction

Pour cela, il faut tout d'abord bien distinguer les étapes :
* la prise d'information qu'on vient de faire ;
* la réflexion tactique à mener ;
* la réinformation du nuisible.

Dans une relation ordinaire avec un non-nuisible, vous pouvez échanger en boucle sans dommage, car l'autre distingue ce qui lui appartient de ce qu'il entend, il peut réfléchir en vous écoutant, ne pas confondre votre demande et l'effet qu'elle produit sur lui.

© Groupe Eyrolles

Avec un nuisible, tout se confond au fur et à mesure que les idées sont produites. Il saute sur un mot, part dans tous les sens, revient sur un argument avec la plus mauvaise foi.

Il vous revient donc de séparer les trois phases pour les mener à leurs objectifs distincts.

À faire

1. Ne rien dire, ne rien faire, sauf se poser pour recueillir de l'information ; ne pas répondre, ne rien laisser paraître pendant la phase de « vidange ». Elle est entièrement dédiée au nuisible.
2. Se dégager un temps de réflexion avant tout nouveau contact.
3. Refuser la discussion pendant la phase ultérieure : il s'agit uniquement d'exprimer ce que vous avez à dire (évaluations, attentes, exigences) en tant que tenant de l'autorité.

Objectifs et règles d'usage de la déclaration de réprimande

Dans ce troisième temps, vous risquez de vous perdre en discours inutiles. Il faut faire concis et aller à l'essentiel. Il s'agit bien de réprimander, et de faire connaître avec force vos exigences.

Souvent, le tenant de l'autorité se lâche, exprime sa colère, demande des explications, porte des jugements, dit qu'il attend que ça s'améliore, part dans des démonstrations, multiplie les injonctions de détail, réexplique pour la énième fois les consignes, tente de solliciter une prise de conscience ou d'obtenir un engagement, etc.

À ce stade, n'acceptez aucune discussion rétroactive. Il n'y a rien à débattre ni à négocier. Le nuisible peut penser ou croire ce qu'il veut. Vous avez écouté, réfléchi, décidé : contentez-vous d'exposer ce que vous avez à dire.

La réprimande doit systématiquement avoir lieu en public : si les autres n'ont rien entendu, c'est comme si on ne lui avait rien dit.

À faire

Faire savoir au nuisible qu'on considère sa conduite comme un écart, en quoi elle est concrètement inacceptable.

Lui affirmer que tout écart est sanctionné.

Lui faire connaître précisément la nature et les modalités pratiques de la sanction et des réparations.

Lui indiquer la sanction « suprême » à laquelle il doit s'attendre en cas de récidive.

Ne rappelez pas pour la énième fois les consignes, l'explication des enjeux, ce qu'il a à faire, etc. On ne peut pas remplir une casserole percée, et on ne peut pas boucher le trou avec le liquide qu'elle est supposée contenir.

Ne pondérez jamais votre propos en lui accordant des circonstances atténuantes, ou des justifications partielles : le nuisible ne retiendrait que cela. Ce serait transformer la casserole en passoire. Ne vous interrogez pas sur ce qu'il a entendu, compris ou admis : c'est son problème, à lui de le gérer. La balle est dans son camp.

Oser dire tout ce qu'on doit lui dire

Face au nuisible, la peur de déclencher d'autres algarades, d'autres crises, d'autres plaintes... nous retient. Certains pensent qu'il est inutile d'aller jusque-là. En fait, ils en ont peur, peur de ses réactions, peur du bruit, peur de ne pas pouvoir le raisonner. Ils se disent qu'ils auraient dû être plus doux, plus prudents...

La mauvaise foi, l'agressivité et l'hypersusceptibilité du nuisible ne sont en réalité que des instruments de chantage destinés à « terroriser » l'autorité.

C'est une menace permanente qu'il fait peser sur le tenant et le système. Si on le contrarie, il « pète les plombs », se braque, fait un scandale, crie... et augmente la pression. Certains évitent donc soigneusement de le contrarier. C'est sans fin, car la moindre chose contrarie le nuisible.

Le nuisible qu'on réprimande trouve toujours quelque chose qui le contrarie vivement. La menace est permanente. Il agit dès lors sur tous les registres de la sensibilité la plus animale de ses interlocuteurs : le niveau sonore, l'agitation physique, le reproche affectif, la promesse de pression, la préoccupation psychique, etc. On n'a pas envie de subir ça ; il le sait, en use et en abuse.

En s'y montrant sensible, on lui donne des armes pour nous battre. Il en rajoute donc chaque fois et monte d'un cran dans la réactivité, puisque ça marche.

Il faut au contraire lui montrer que, quelles que soient ses réactions, on n'hésitera jamais à lui dire tout ce qu'on a lui dire. Il peut menacer, tempêter, se rouler au sol, il entendra de toute façon ce qu'on veut qu'il entende, que tout chantage est inutile et qu'on n'a pas peur de lui.

À faire

Réprimander le nuisible :

- au moment où cela vous convient (n'attendez pas qu'il soit « bien luné »… il ne le sera jamais) ;
- dans les lieux et conditions qui vous conviennent ;
- en présence de qui vous voulez, sans craindre qu'il s'en offusque ou qu'il menace de s'en servir : il n'a pas à choisir les personnes présentes ;
- sans édulcorer le contenu ni les formules, qu'ils lui plaisent ou pas ;
- aussi longtemps que nécessaire pour que tout soit dit (même si cela le fatigue).

Il a pris l'option sociale d'être un nuisible. Il ne doit pas y avoir avantage et doit en porter seul le coût ; à lui d'en assumer les conséquences.

Qui perd au grand jeu du conditionnement réciproque ?

Au chantage relationnel, le nuisible en préfère un autre, plus puissant : le chantage sur les faits.

> Herluin ne supporte pas les ordres ; son bonheur est de n'en faire qu'à sa tête. Dès qu'on lui impose une tâche, il la sabote : c'est sa façon à lui de faire comprendre qu'il ne faut l'obliger à rien.

Conditionnement du tenant par le nuisible

Dans un cas comme celui-ci, si le tenant est sensible à la menace, pour éviter les catastrophes, il donnera satisfaction au nuisible. En fait, il achète la tranquillité au prix de l'abdication. Comment en arrive-t-on là ?

Processus de conditionnement du tenant de l'autorité

Dès qu'on lui impose les premières contraintes, le nuisible sabote partiellement l'activité. Au début, il doit subir les réprimandes, les pressions, et les resserrements de vis. Mais il ne cède jamais, quoi qu'il lui en coûte. Quand on lui impose, il sabote et quand on ne lui impose pas, il ne sabote pas. C'est très simple !

On lui impose peu, il sabote peu ; on lui impose beaucoup, il sabote beaucoup, et ainsi de suite. Un beau matin, son responsable, à court d'énergie face à l'accumulation de tous ces sabotages, finit par abandonner et renonce à imposer une contrainte pourtant nécessaire. Le tenant obtient la « récompense » attendue : pas de sabotage. Ouf.

Le nuisible a parfaitement conditionné son responsable comme on dresse un animal avec une caresse (récompense) ou un coup de fouet (punition). Bref : « Tu me laisses tranquille, je te récompense (en ne produisant aucun dégât) ; tu me contrains, je te punis (en sabotant). »

Le tenant semble ainsi pris au piège : il déclenche lui-même sa propre punition ou sa propre récompense. Certaines autorités préfèrent abandonner et être tranquilles, plutôt que contraindre et risquer le chaos. Le nuisible a finalement le pouvoir de sanctionner l'autorité. Les rôles sont inversés. Le responsable a pris goût à cet évitement. Pour lui, la différence entre contrainte = sabotage, et abandon = tranquillité est considérable.

Il s'est établi des liens entre les comportements des deux protagonistes :

- Acte d'autorité du tenant → entraîne la « punition » du tenant (sabotage).
- Satisfaction du nuisible → entraîne la « récompense » du tenant (pas de sabotage).

« *Récompense* »

En l'occurrence, la « récompense » du tenant est assez paradoxale puisqu'il s'agit de ne pas subir de dégâts, ce qui est en fait une situation normale. Mais la seule idée de la menace a cet effet sur le tenant, qui est désormais dépendant de sa propre peur. Le nuisible l'y a amené progressivement par une succession sophistiquée de stimuli bien placés.

Le tenant de l'autorité déclenche lui-même sa propre punition ou sa propre récompense en appuyant sur les « boutons » correspondants que sont ses actes d'autorité ou de laisser-faire. Le nuisible fonctionne comme une machine qui aurait un bouton rouge, celui qui déclenche les catastrophes, et un bouton vert qui le rend moins destructeur.

- Contrainte du nuisible = bouton rouge → punition du tenant = sabotage.
- Latitude du nuisible = bouton vert → récompense du tenant = tranquillité.

Désormais dépendant, le tenant appuie sur le bouton vert même quand on ne lui demande plus rien. À la recherche permanente de sa récompense, il contourne le bouton rouge *a priori*, dans la terreur d'appuyer dessus malencontreusement.

Herluin maître du monde

Herluin a fait son trou comme un oursin creuse son rocher ; en grossissant, il est devenu impossible à extirper.

À l'époque de ses premières bévues, tout le monde pensait que cela s'arrangerait, qu'il avait quelques problèmes et qu'il finirait par comprendre si on était gentil avec lui… Une fois titularisé, son comportement a empiré. Il s'agissait bien de conditionner tout le monde : saboter de plus en plus et se rendre de plus en plus insupportable, jusqu'à faire craquer le chef de service.

On s'est habitué à lui ; il fait partie du décor. On essaye de ne plus y penser… et finalement on parvient à l'oublier. Ses nuisances font partie de la normalité. Il n'y a, dès lors, plus que les visiteurs et les nouveaux qui s'étonnent de ses conduites et de la mansuétude dont il bénéficie. Ils supposent que, pour disposer d'un tel droit de nuisance, Herluin doit bénéficier d'une protection exceptionnelle de l'autorité. Ils n'osent donc rien dire…

Dès qu'un nouveau membre arrive, le nuisible entreprend de l'initier à sa règle du jeu. Le nouveau ne comprend pas pourquoi l'autorité ne fait rien et surtout ne le protège pas. Il en déduit que le nuisible bénéficie d'un attachement exceptionnel de la part du tenant et du groupe, il a dû faire des choses extraordinaires au profit du système pour disposer d'un droit de nuisance aussi exorbitant. Il s'en accommode donc à son tour.

Le nirvana du nuisible est de parvenir à conditionner la totalité du système et de ses membres.

Conditionnement du nuisible par le tenant de l'autorité

Inverser le conditionnement

Cela dit, les mêmes leviers de « punition » et de « récompense » peuvent avoir les mêmes effets dans l'autre sens. On peut ainsi inverser le processus :

© Groupe Eyrolles

- quand le nuisible sabote une tâche qu'on lui confie, le taux de contrainte qui lui est imposé doit augmenter en proportion ;
- quand il ne sabote pas la tâche, la contrainte doit se desserrer et on doit lui accorder quelque latitude.

Désormais, c'est lui qui se retrouve en situation d'appuyer sur des boutons pour obtenir sa récompense ou subir une punition :

- saboter = bouton rouge du tenant → punition du nuisible : davantage de contrainte ;
- obéir sans saboter = bouton vert du tenant → récompense du nuisible : davantage de latitude.

Et c'est donc au nuisible d'organiser sa conduite en fonction de ce qu'il veut obtenir.

Trouver le point faible

Il s'agit, pour chaque type de nuisible, d'utiliser les leviers correspondants :

- le vaniteux est sensible à la flatterie et craint d'être brocardé ;
- le paresseux goûte l'oisiveté et craint le travail ;
- le malheureux veut que tout aille mal et a horreur de la gaieté ;
- le cupide veut des cadeaux et des passe-droits, et est terrorisé par le dépouillement ;
- le dominant veut du pouvoir et craint d'être rabaissé ;
- etc.

Rapport de force

Finalement, entre vous et le nuisible, c'est à qui supportera le mieux la douleur.

Le nuisible résiste mal à ses ressorts primaires, il en est dépendant.

De votre côté, vous avez *a priori* plus de marge de manœuvre. À vous de garder le cap en ne vous laissant pas déstabiliser par la pression qu'il génère.

Vous obtiendrez gain de cause si vous parvenez à ne pas être affecté par ses dégradations et à tenir en toutes circonstances la fermeté de vos exigences. Il faut que les dégâts causés par le nuisible aient un coût pour lui, et qu'il ne puisse en mesurer leur coût pour vous. Autrement dit, il doit apprendre que l'escalade ne vous fera jamais céder, mais augmentera simplement les punitions. Qu'il s'acharne sur son propre bouton rouge à ses seuls dépens.

Investir dans la casse

Le message adressé au nuisible doit être clair : aussi grands que soient les dégâts qu'il cause, l'autorité ne cédera pas. Pour gagner une quiétude à long terme, le tenant de l'autorité doit accepter, pendant un temps limité, une dose substantielle de casse.

À faire

Il est cependant nécessaire :
- de ne jamais faire la moindre entorse au procédé de conditionnement ;
- d'en « remettre une couche » de temps en temps pour entretenir la mémoire des bonnes relations acquises ;
- de ne jamais rater l'opportunité d'une récompense pour que la méthode marche ; il faut être très rigoureux sur ce point ;
- de ne pas abuser : la sanction doit être à la mesure des écarts ;
- de pratiquer l'escalade brutale dès que l'infraction dépasse la dose habituelle ;
- de prévenir régulièrement en rappelant le calibrage des relations de cause à effet.

N'oubliez jamais le potentiel de nuisance sous-jacent ; attendez-vous au pire. Et si l'envie l'en prend, ne ratez surtout aucune occasion de laisser partir le nuisible. Cela arrive toujours au moins une fois dans son parcours (professionnel, familial…), il faut en profiter.

L'autorité n'est pas seule

La maîtrise du nuisible ne concerne pas exclusivement le seul tenant de l'autorité. Le vrai problème se situe entre le nuisible et les autres participants du système. Ils ne peuvent donc pas être exclus du traitement.

Ils peuvent être soit une ressource, soit un facteur d'aggravation.

Le nuisible est dépendant du système

Le nuisible est dépendant de ses propres ressorts. Les Herluin, Bobolin, Nanthilde, et autres nuisibles sont dépendants du système dans lequel ils évoluent (entreprise, famille, institution, etc.). Il leur est très difficile d'envisager de le quitter. Où, ailleurs, pourraient-ils se « caser » ? Ils le savent très bien : seul « leur » système peut les tolérer. Il est donc fatal qu'ils s'y accrochent.

Quand l'oursin a creusé son trou dans une roche, il est bien en peine d'en sortir, et désormais trop gros pour s'insinuer dans un autre trou. Il est lisible et évident avec ses très grosses épines.

L'attachement est donc presque une condamnation pour le nuisible. Il lui est toujours possible de retrouver une autre niche, mais elle sera d'emblée moins confortable, moins sur mesure, plus résistante, plus risquée. Et il faut la trouver !

Le système peut exclure le nuisible

Le nuisible est souvent convaincu du contraire. S'il pense qu'il ne peut rien lui arriver, il n'a plus de limites. Il est donc absolument indispensable que l'autorité soit elle-même convaincue que le système peut se débarrasser de lui. C'est le seul moyen pour que le nuisible en soit convaincu à son tour.

Le risque d'exclusion est la clé de sa maîtrise. À vous de le lui faire savoir et de lui mettre le marché en main : soit il plie, soit il sort !

Le tenant de l'autorité doit alors supporter l'idée d'exclure quelqu'un. Si pour vous cela est impensable, votre conduite sera oscillante et le nuisible en profitera.

De ce point de vue, votre comportement a un effet direct sur celui du nuisible.

Niveaux de conduite du tenant vis-à-vis de l'exclusion du nuisible

4	Le tenant met en relation le comportement du nuisible et son exclusion automatique. Il fixe des critères précis et est déterminé à les appliquer ; il comptabilise les fautes et les négligences et affiche le degré de risque. Quand le niveau critique est atteint, l'exclusion est irrémédiable.
3	Le tenant parle d'une exclusion possible, mais attend une faute très grave pour passer à l'acte. Il ne met rien en place pour construire une démarche concrète d'exclusion.
2	Le tenant évite de parler d'exclusion et affirme que ce n'est pas à l'ordre du jour quand quelqu'un en parle. Tant que le nuisible n'a assassiné personne, rien n'est assez grave pour retenir cette hypothèse.
1	Le tenant jure au nuisible qu'il ne l'exclura jamais en croyant que cette promesse suffira à l'amadouer ; pour lui prouver sa bonne foi, il renforce ses prérogatives.

Les systèmes qui n'excluent personne attirent et retiennent les nuisibles. Ceux-ci s'y concentrent et y sont les plus puissants.

Ces systèmes sont donc condamnés à les supporter et à les entretenir à vie. C'est le cas de certaines familles dont le tenant est un sauveteur invétéré, qui pense pouvoir changer n'importe qui à force d'amour et de bienveillance.

La fonction publique en est un autre exemple. Elle impose malheureusement à tous – à ses tenants, à l'immense majorité de ses fonctionnaires et à ses assujettis –, la contrainte exorbitante de subir quelques nuisibles inexpugnables. Cette minorité d'employés et ceux qui la défendent confondent la sécurité de l'emploi avec l'assurance de pouvoir exercer indéfiniment leurs capacités de nuisance en toute impunité et sans répit pour les autres.

Il ne s'agit pas de brandir en permanence la menace de l'exclusion, mais d'en faire une possibilité tout à fait tangible, qui se mette en œuvre d'elle-même selon des mécanismes précis. Ça marche. La preuve en est que lorsqu'un système a trouvé le courage d'une première exclusion, cela calme de façon très significative les autres nuisibles.

Le système peut imposer la totalité de ses normes au nuisible

Quoiqu'il déborde beaucoup, le nuisible respecte de nombreuses règles et se plie à un grand nombre d'obligations. En fait, il n'échappe qu'à une petite partie des contraintes « normales » du système.

Pourquoi s'y plie-t-il ? Ses nuisances sont proportionnelles au risque encouru. Il est toujours à la recherche du meilleur équilibre possible entre sa capacité d'infraction et son obligation à entrer *a minima* dans le moule, pour y conserver sa place.

Cela nous permet de soulever une première remarque intéressante : contrairement à ce qu'il veut nous faire croire, il peut plier de lui-même et avaler quelques sabres sans broncher !

La seconde remarque est que cet équilibre vient de lui, en fonction de ce qu'il croit qu'il doit intégrer ou qu'il peut ignorer sans risque. Il cale ses écarts sur ses croyances quant aux risques qu'il court.

Autrement dit, la conduite du tenant de l'autorité permet au nuisible de mesurer et de distinguer les infractions à moindre risque et celles à haut risque pour lui ; il décide ou non de les commettre.

Pour faire cette distinction avec précision, il dispose de quelques repères de permission très simples, qu'il associe (plus ou moins consciemment) aux réactions du tenant à ses incartades :

* le tenant s'en accommode, dédramatise, relativise, cherche et évoque un arrangement ;
* le tenant lui en fait le reproche mais ne le réprimande pas sévèrement ;
* le tenant lui parle sur un ton conciliant, adouci, évite les mots durs et envisage des concessions ;

- le tenant évoque une sanction sans la mettre en œuvre ;
- le tenant clôt en espérant que ça ira mieux la prochaine fois ;
- le tenant ne fait rien, ne dit rien et laisse les autres gérer.

Une rigueur très homogène

Ainsi, la marge de désobéissance prise par le nuisible est celle qu'on lui accorde. Si on ne lui en accorde aucune, il n'en a aucune.

Face aux sabotages, l'erreur est d'en tolérer certains et pas d'autres, de différencier les contraintes. Si le tenant concède des parcelles de terrain hors-la-loi, le nuisible tentera de conquérir d'autres espaces. La loi ne sera plus la loi et le taux de nuisances sera proportionnel à la superficie de terrain gagnée.

Le nuisible nous croit incorruptible seulement si nous ne nous laissons corrompre sur rien.

Face à lui, il n'y a aucun sujet anodin, toute concession est une preuve de sa puissance aux dépens du système.

À l'inverse, une conduite rigoureuse, qui n'épargne aucune inconduite, est en elle-même un message fort qui réduit de façon drastique ses espoirs et ses tentations de délit.

En lui imposant un cadre aussi rigoureux, on fait effectivement monter la tension de son côté. C'est une nécessité, car sans cette tension interne, il se lâche. Certes, elle tend à le rendre plus hargneux, voire à l'amener à « péter un plomb » (ce qui ne serait pas pour nous déplaire en nous donnant là une bonne occasion de le sortir du jeu). Résister à ce chantage est un mal nécessaire.

Le nuisible est dépendant des autres

Bien qu'il malmène les autres, le nuisible ne peut s'en passer. Tous les nuisibles se servent des autres d'une certaine façon. Ils s'en prennent à eux, les agressent, les manipulent, les exploitent, les culpabilisent… mais ils ont besoin d'eux. Ils sont un véritable enjeu.

Diviser pour régner

En effet, le nuisible se sert des autres protagonistes contre le tenant de l'autorité et contre le système. Il ambitionne, dans l'ordre croissant, que ses pairs :

- ne réagissent pas à ses comportements ;
- les supportent et les acceptent ;
- restent neutres dans son conflit avec l'autorité ;
- le justifient ;
- le soutiennent ;
- portent son conflit à sa place ;
- attaquent l'autorité, voire la chassent ;
- le nomment grand mamamouchi…

Pour cela, il utilise plusieurs moyens classiques :

- il fait partager à son entourage les espaces de permission et de dérive qu'il a pu conquérir ;
- il active leurs désirs sous-jacents de rejet des contraintes chez les autres ;
- il travaille au corps les plus faibles en étant très proche d'eux et user de moyens démagogiques ;
- il implique tous ceux qu'il peut dans des situations de conflit, de dérapage, de confusion ;
- il conteste l'autorité à tout propos en pervertissant ce qu'elle dit, ce qu'elle fait, ce qu'elle pense ;
- il s'en prend à ceux qui acceptent et soutiennent le système, en sabotant au besoin leurs réalisations ;
- il crée et répand ragots, rumeurs, médisances, calomnies, fausses nouvelles, etc. ;
- il se sert des instances de protection des ressortissants (syndicats, conseil des prud'hommes…) pour s'y cacher et provoquer l'autorité.

Le nuisible manie souvent la théorie du complot. L'autorité poursuivrait à son seul profit un but caché contre les ressortissants.

Le nuisible est d'autant plus créatif dans ce domaine que ce sont des intentions qu'il pourrait concevoir s'il accédait au pouvoir. On a vu ce qu'ont été capables d'inventer quelques très grands nuisibles pour imposer leur dictature.

Rassembler pour rétablir l'ordre

En regard, l'autorité a tout intérêt à développer une conscience de groupe solidaire vis-à-vis du nuisible.

À faire

Traiter absolument tout le monde de façon équitable dans l'activité, l'application de la règle et des sanctions.

Ne jamais laisser le nuisible s'en prendre à qui que ce soit : l'empêcher et le sanctionner en affirmant clairement qu'on protège les autres.

Traiter à la source toutes les situations de conflit[1] potentielles, en y apportant des réponses carrées et claires.

En cas de conflit entre un nuisible et un non-nuisible, donner toujours tort au nuisible.

Être transparent avec le groupe sur ses démarches, ses intentions, ses actes, prendre le temps d'expliquer et d'écouter.

Mettre en place des modalités de discipline qui peuvent être animées par tout le monde : ce n'est pas seulement le chef qui fait régner l'ordre.

Démonter et analyser en public les comportements de nuisance en les dénonçant comme tels, en réaffirmant le droit, et en présentant de façon explicite les sanctions.

La déclaration de réprimande gagne toujours en efficacité à être faite en présence des autres participants. Elle a tout à perdre à se dérouler en privé.

---

1. Ce point est largement développé dans *Maîtriser les conflits*, *op. cit.*

Le leadership[1]

Un nuisible isolé dans un groupe qui fait front contre lui réduit de lui-même très nettement ses nuisances. Car, s'il craint l'exclusion physique, il craint presque autant l'exclusion affective.

Le collectif est plus puissant que l'autorité seule, surtout s'il est armé du droit d'exercer la discipline et lorsqu'il est cohérent dans la prise de distance vis-à-vis du nuisible.

Cela dit, une telle cohésion du groupe ne se décrète pas et ne s'impose pas ; elle se conquiert par les voies du *leadership*.

Un groupe qui reconnaît dans son chef un leader tient à lui, le défend envers et contre tous, y compris les nuisibles.

Le *leadership* est un crédit de confiance que des personnes accordent à une autre. Ce crédit est tellement important qu'elles tendent à satisfaire ses besoins sans qu'il ait besoin de demander, qu'elles le suivent volontiers dans toutes ses initiatives.

Le *leadership* est une influence que les autres nous accordent sur eux, qu'ils nous donnent pour les conduire.

Le tenant de l'autorité acquiert du *leadership* par :

- la qualité de ses comportements ;
- son courage ;
- sa transparence ;
- sa créativité ;
- sa capacité à s'occuper des autres ;
- son équité ;
- sa compétence ;
- sa capacité de prise en compte de son environnement (champ d'intégration étendu).

---

1. Pour plus de détails sur le *leadership*, voir *Développer son autorité, op. cit.*

Malheureusement, le *leadership*, s'il s'exerce sur presque tout le monde, trouve ses limites avec les nuisibles qui y sont peu sensibles. Ce ne peut donc pas être un moyen direct pour les maîtriser, mais ce peut être un excellent moyen pour les canaliser indirectement par la puissance du fait collectif.

Face au nuisible

En se montrant rigoureux à tous points de vue, le tenant de l'autorité gagne sur tous les tableaux, dans le *leadership* qu'il acquiert sur le groupe comme dans la confrontation du nuisible. Il gagne aussi dans la maîtrise de ses propres conduites, indispensable pour ne pas se laisser entraîner avec lui sur des terrains hasardeux.

Le nuisible nous oblige à « resserrer nos propres boulons », pour nous tenir droit et tenir bon. Le maîtriser demande du courage, de l'abnégation, de la constance, de la distance affective, et de l'implication dans la conduite du système.

Il n'y a pas un moyen efficace à lui seul pour venir à bout du nuisible ; mais un faisceau de moyens utilisés de façon cohérente peut donner des résultats satisfaisants.

—— Faites le point

Pouvez-vous tout entendre de la part du nuisible sans craquer ?

Allez-vous au fond de tout ce qu'il peut avoir à livrer ?

Osez-vous tout dire au nuisible ?

Prenez-vous le temps de réfléchir à vos stratégies avant de lui répondre ?

Parvenez-vous à résister à la discussion quand vous exprimez votre position ?

Êtes-vous radical dans l'expression des réprimandes ?

Avez-vous développé votre *leadership* ?

Impliquez-vous le collectif pour discipliner le nuisible ?

Protégez-vous toujours les autres membres du système ?

Osez-vous agir ouvertement sur ses points de sensibilité pour le contraindre ?

Oseriez-vous l'exclure si vous en aviez l'occasion ?

Êtes-vous certain de ne rien attendre de lui ?

Le nuisible a-t-il réussi à vous faire abandonner vos obligations ?

Lui imposez-vous la totalité de ses obligations sans exception ?

Chapitre 6

Les nuisibles dans divers milieux

Les nuisibles dans l'entreprise

L'entreprise n'a que les nuisibles qu'elle a recrutés, et qu'elle a choisi de conserver définitivement après leur période d'essai. Ce ne sont pas nécessairement ceux dont elle se débarrasse prioritairement au moment des plans sociaux et des restructurations. Apparemment, certaines entreprises tiennent à leurs nuisibles. Il faut dire, à leur décharge, que la législation du travail protège indistinctement tous les personnels, nuisibles ou pas, et les nuisibles savent en profiter.

Protection de la hiérarchie

Fréquemment, au cours de nos nombreuses formations du management de proximité (« N – 1 »), les participants évoquent avec dépit les problèmes insurmontables qu'ils rencontrent avec les nuisibles de leurs équipes. En voici un témoignage.

Désaveu du manager

La complainte du « N + 1 »

« Dans mon entreprise, tout le monde connaît Gontran. Mon supérieur direct, le DRH, et même le PDG l'appellent entre eux "notre bras cassé numéro 1" – et encore, c'est leur terme le plus charitable.

Gontran a sévi partout, dans tous les services. Finalement, on l'a mis chez moi parce qu'on ne savait plus quoi en faire. Il a accumulé tant d'erreurs, de sabotages et de nuisances que son comportement est devenu presque "normal", comme s'il avait le droit de faire ce qui lui plaît.

Au début, j'ai essayé de le mettre au pas, de le faire travailler comme les autres. Tout ce que j'ai obtenu, ce sont des crises de colère, des refus. Gontran abandonnait son poste, s'inventait des congés maladies... J'ai insisté. Il était hors de question que je le laisse s'en tirer comme ça.

Alors Gontran en a appelé au syndicat. Avec le représentant du personnel, ils sont allés trouver mon responsable. Ils m'ont accusé de l'avoir pris en grippe, de le harceler.

C'est là que les choses ont commencé à se gâter. Au lieu de me soutenir, mon chef a dit qu'il les comprenait ; il a cherché un compromis. Ensuite, il m'a convoqué, en me sommant de "laisser tomber", et de ne surtout pas faire de vagues. Il ne voulait pas se retrouver avec une grève ou un conflit social sur les bras. Il m'a expliqué qu'en étant diplomate avec Gontran, celui-ci finirait par travailler, et que si je n'y arrivais pas, ça ne pouvait être que de ma faute.

Je suis sorti de son bureau abasourdi. Le lendemain, j'ai appris qu'il avait levé toutes les sanctions contre Gontran. Il a d'ailleurs remis cette histoire sur le tapis lors de mon entretien d'évaluation annuelle pour parler de mes problèmes de management...

Gontran ? Je n'essaie plus de le mettre au travail. Qu'il fasse ce qu'il veut ; je ne m'en occupe plus. »

Quand un manager de proximité a subi plusieurs fois ce genre d'avanie, il n'essaie plus jamais de recadrer un nuisible, du moins tant que sa hiérarchie directe reste en place et qu'elle continue à le désavouer.

Double contrainte

Cependant, cela n'empêche pas sa hiérarchie de considérer le nuisible, dans l'effectif, comme un collaborateur pleinement productif.

Elle exige donc simultanément du N + 1 :

• une qualité irréprochable des productions ;
• une performance homogène et maximum de l'équipe ;
• des efforts spéciaux de l'équipe pour faire face aux augmentations brutales de charge ;
• et, évidemment, ni histoires, ni conflits, ni problèmes sociaux !

Du point de vue du N + 1, cette situation est extrêmement éprouvante. Elle le met dans l'impossibilité d'atteindre les objectifs qu'on lui assigne, tout en l'asservissant aux défauts de son nuisible. Il est ainsi rendu à la fois ridicule, impuissant et coupable.

Sa hiérarchie le désarme et l'affaiblit d'un côté, elle lui impose une forte pression de l'autre.

Hypocrisie de la hiérarchie et politique de traitement des nuisibles

Pour tout observateur, cette pratique aberrante, dont on ne voit l'avantage ni pour l'entreprise ni pour les protagonistes, est assez surprenante. D'autant plus que les N + 2 (supérieurs hiérarchiques des N + 1) s'y livrent en toute connaissance de cause.

Mais on finit vite par comprendre ce qui les anime.

- Les N + 3, N + 4 et les dirigeants de certaines entreprises ont une sainte horreur des conflits sociaux ; et quand il y en a un quelque part, le N + 2 est considéré comme un manager irresponsable, qui ne comprend pas les priorités de l'entreprise.
- La DRH, qui « gère » le nuisible depuis longtemps, ne dispose pas elle-même de l'appui d'une politique volontariste de la direction pour régler ces problèmes avec fermeté dans le cadre du droit et de ses possibilités.
- Le N + 2, étant évalué sur la performance et la productivité de son secteur, ne peut justifier d'un effectif improductif et tend à rabattre ses coûts par tous les moyens.
- Pour lui, soutenir le N + 1 revient à prendre en charge le conflit ; c'est un traitement extrêmement lourd qui dévore du temps, de l'énergie, et qui entrave les autres aspects des fonctionnements.

Les N + 2 tendent à profiter de leur position pour se débarrasser des problèmes ennuyeux.[1] D'autant que ceux-ci sont multipliés par le

---

1. Cet aspect particulier du fonctionnement de la hiérarchie est détaillé dans *Développer son autorité, op. cit.*

nombre d'unités de base dont ils sont responsables. Dans son département, un manager de niveau N + 2 peut avoir ainsi des nuisibles éparpillés sur tout le territoire.

Cette situation est donc le fruit d'une politique générale de management propre à l'entreprise. Nous observons régulièrement des divergences de gestion des nuisibles entre des entreprises tout à fait comparables par leur taille, leur secteur, leurs produits, leur statut, leurs qualifications. Certaines sont très fermes : elles ont peu de nuisibles, les « confrontent » et s'en débarrassent. D'autres en ont beaucoup plus, les tolèrent, et les gardent. Les secondes n'ont pas de meilleurs résultats que les premières. Elles n'ont d'ailleurs pas moins de mouvements sociaux.

Implication ou protection syndicale

Dans les entreprises où la hiérarchie fait preuve d'une grande faiblesse vis-à-vis des nuisibles, il est assez commun que ceux-ci bénéficient également d'une forte protection syndicale. Il arrive même parfois qu'ils accèdent à la représentation du personnel.

Effets collatéraux du champ d'intégration

Les personnes très égocentriques, qui ne prennent pas en compte leur environnement, ont dans leur vie de tous les jours un champ d'intégration minuscule. Leur champ d'intégration « professionnel » est donc souvent identique à leur champ d'intégration « personnel ».

Mais ce n'est pas toujours le cas. Une personne peut avoir un champ d'intégration professionnel faible et un champ d'intégration personnel important.

Au travail, Gernéhilde fait le strict minimum, parfois moins : elle résiste aux demandes, réalise ses tâches de façon stéréotypée, refuse toute coopération et se montre négative à tout propos. Mais par ailleurs, elle est présidente du club sportif de sa ville, adjointe au maire, et elle milite sans compter dans une organisation caritative !

Comment cela se peut-il ? En fait, son champ d'intégration « personnel », naturel et spontané, est celui qu'elle tend à appliquer partout. Si ce n'est pas le cas dans l'entreprise, c'est qu'on l'en a empêchée.

Occupation et réduction du champ d'intégration

Pour qu'une personne puisse faire fonctionner son champ d'intégration personnel dans un système, il faut que plusieurs conditions soient remplies :

Pouvoir être informé

Un employé qui n'a pas accès aux informations concernant les produits de l'entreprise ne pourra pas les prendre en compte. Il limitera donc son champ d'intégration à ce qu'il peut connaître, c'est-à-dire au degré 3[1], à son activité. Au-delà, il avance en aveugle. Le déficit d'accès à l'information est un facteur de réduction du champ d'intégration.

Pouvoir s'exprimer

Si l'employé se fait rabrouer dès qu'il émet une idée, une suggestion, un avis à propos des clients, il cessera très vite de s'en préoccuper. Si vous lui répondez : « ce ne sont pas tes affaires », il limitera donc son champ d'intégration à ce sur quoi il peut s'exprimer, c'est-à-dire à ses résultats au maximum au degré 4. L'impossibilité de donner son avis est un facteur de réduction du champ d'intégration.

Pouvoir agir

Quand un employé est condamné à une stricte exécution des procédés, et ne peut ni régler la machine, ni toucher à rien d'autre, ni modifier l'ordre de ses opérations, ni bouger, etc., il finit par se désintéresser totalement de son activité et réduit son champ d'intégration à la seule chose sur laquelle il peut agir : lui-même. L'impuissance est un facteur de réduction du champ d'intégration.

---

1. Cf. « Composition des champs d'intégration », p. 41.

Quand le management étouffe le champ d'intégration

Or, il est fréquent dans l'entreprise que le management ait tendance à ne pas informer les personnels, à ne pas leur permettre de s'exprimer ou à ne pas les écouter, à ne leur laisser aucune marge de manœuvre. À force de ce traitement, de nombreux salariés, qui auraient potentiellement un grand champ d'intégration pour le bonheur de leur entreprise, finissent par se rendre bornés, égoïstes. En tentant de maintenir un grand champ d'intégration, ils sont souvent blessés, déçus. Ils se font une raison, et se contentent de s'occuper du seul espace où ils sont encore (et tout juste) considérés comme majeurs et responsables.

Pour l'entreprise, c'est d'autant plus stupide qu'une personne qui a un grand champ d'intégration fait en général un manager exceptionnel. Malheureusement, cette compétence supérieure ne suffit pas à donner accès au statut de cadre. Pour faire carrière, il vaut mieux être un vaniteux, brillant, de degré 2 de champ d'intégration, sortir de la même grande école que l'un des dirigeants et manipuler des discours au degré 10, c'est-à-dire à l'échelle de la mondialisation.

Les étonnants avantages de la fonction de représentant du personnel

En regard, la législation est ainsi faite qu'elle permet aux représentants du personnel :

- d'être informé ;
- de pouvoir s'exprimer ;
- de pouvoir influencer les fonctionnements.

Autrement dit, elle répond aux besoins fondamentaux d'une personne qui a un grand champ d'intégration spontané ! À défaut d'avoir pu faire un parcours de manager, cela permet à une personne qui n'a pu franchir la barrière des castes sociales de s'épanouir au service du système, dans le seul espace libre.

On trouve ainsi parmi les dirigeants syndicaux des personnalités d'exception, aux compétences et au champ d'intégration étendus,

© Groupe Eyrolles

mais dont le niveau social ou hiérarchique de base ne leur a pas permis d'accéder à des postes à responsabilité au sein de l'entreprise.

Cela dit, la législation permet également aux représentants du personnel :

- de ne pas travailler vraiment, en tout cas moins que les autres, leur temps étant consacré à la « défense » de leurs camarades ;
- d'être protégé, beaucoup plus que tous les autres salariés, du risque de licenciement ;
- de faire à peu près ce qu'ils veulent, où et quand ils le veulent, sans que l'autorité de l'entreprise puisse s'exercer à leur encontre ;
- d'être présents partout et de se faire valoir ;
- de parler au nom des autres et de les impliquer ;
- de se mêler de beaucoup de choses dans l'entreprise et de contrarier vivement la direction.

Autrement dit, le statut de représentant du personnel répond de façon officielle et exorbitante aux besoins standards du nuisible. C'est pour lui un Graal, un idéal qu'il atteint parfois, un rôle idyllique où il peut exercer ses capacités de nuisance sans entrave.

Cette notion d'entrave prend en l'occurrence un tour paradoxal : dans la loi, elle signifie de façon explicite que l'employeur ne peut gêner l'exercice du droit syndical sans être passible des tribunaux.

Dans la dure réalité vécue par certaines entreprises, c'est le représentant nuisible qui entrave gravement la vie du système et ses capacités de sanction. Les représentants nuisibles protègent tout particulièrement les salariés nuisibles.

Parmi les délégués syndicaux, on peut donc retrouver côte à côte des « leaders » ayant un grand champ d'intégration, et des nuisibles. Cette étrange cohabitation pose surtout une question : dans ce cas, comment le leader peut-il supporter d'être assimilé au nuisible ?

En l'occurrence, l'autorité n'est pas dans le camp de l'entreprise, mais dans celui du monde syndical, qui devrait faire son propre ménage. Il aurait tout à y gagner, pour sa crédibilité, pour son efficacité, et pour être cohérent avec les valeurs qu'il défend.

La hiérarchie de proximité isolée face au nuisible

Le nuisible est donc parfois protégé à la fois par sa hiérarchie et par les partenaires sociaux : le manager de base peut se sentir bien seul… Ses pouvoirs réels sont réduits et ses marges de manœuvre limitées. On a vu également que les possibilités d'arrangements sont illusoires et que les leviers de la communication ne peuvent qu'éviter d'aggraver le problème.

Les collègues et le nuisible

Dans les conditions que nous venons de décrire, les salariés qui entourent le nuisible s'en prennent plutôt à leur chef qu'à leur collègue.

Ils lui reprochent de ne pas faire travailler suffisamment le nuisible, de ne pas les protéger de ses délires. Mais ils ne disent rien au nuisible lui-même, restent passifs quand il commet un désastre. Dans certains cas, ils entretiennent avec lui une relation démagogique destinée à s'assurer de ses bonnes grâces ; et lorsque le chef « confronte » le nuisible, personne n'a rien vu, il n'y a rien à dire, tout le monde disparaît aux abris.

Quand le système ne soutient pas le tenant de l'autorité face au nuisible, les autres participants sont encore plus fragiles et incapables de s'opposer. Le collectif ne peut donc être un appui direct pour le chef ; il peut être en revanche un amplificateur du nuisible.

Objectifs et moyens de la gestion du nuisible

Ainsi, le manager de niveau N + 1 ne peut pas transformer le nuisible ; il ne peut pas non plus obtenir que celui-ci se comporte tout à fait normalement dans son travail. Il lui est tout aussi vain d'espérer le manager à distance, c'est-à-dire compter sur lui en lui donnant des instructions et en l'appelant de temps en temps.

Au mieux, le N + 1 pourra espérer limiter les dégâts, en s'en tenant aux consignes qui suivent.

À faire

Préservez-vous pour ne pas laisser votre santé physique et mentale dans des conflits inutiles.

Empêchez que le nuisible devienne un leader négatif dans l'équipe.

Faites savoir clairement que vous avez un nuisible dans l'équipe.

Maintenez un niveau de productivité proche des performances attendues.

Créez les meilleures conditions possibles pour être débarrassé du nuisible à moyen ou long terme.

Pour cela, on peut appliquer quelques règles de gestion au quotidien.

Confrontation

On l'a déjà démontré : toute infraction doit faire l'objet d'une confrontation, même si celle-ci ne règle pas le problème immédiatement. Le N + 1 doit en conserver la trace – du contenu, des modalités et de la forme employée.

Communication à l'équipe

Le manager doit faire des points réguliers avec son équipe sur les défauts d'exécution et les problèmes rencontrés. Au cours de ces points, le N + 1 fait explicitement le lien avec les nuisibles concernés. Il en conserve la mémoire.

Dossier

Le N + 1 doit constituer un dossier de toutes les fautes et négligences commises, les coucher sur le papier et les transmettre systématiquement à sa hiérarchie et à la DRH. Ces notes ne doivent relater que des faits : actes commis, instructions données, conditions d'exécution, réalisations comparées des collègues, impacts sur la performance, sur les fonctionnements et la sécurité, puis la confrontation qui a eu lieu.

Administration

Quoiqu'il ne soit pas soutenu, le manager doit continuer à déclencher toutes les démarches officielles à sa disposition : avertissements, demandes de sanction, de mutation, etc. Ce faisant, il renvoie la responsabilité à la structure. À défaut, il risque d'être incriminé pour avoir laissé commettre un acte délictueux ou dangereux.

Notation

Toutes les entreprises ont des modèles d'évaluation, de notation, de primes, etc. C'est toujours un enjeu fort pour le nuisible, qui développe alors un chantage au nom de l'équité. Il veut autant de points que les autres, les mêmes notes, etc. ; sinon, il déclenchera la totalité du registre des hostilités dont on a parlé précédemment. Malgré cette menace de conflit, le manager doit appliquer imperturbablement les règles de notation.

« Confronter » le système

Qu'il soit suivi ou pas, aidé ou désavoué, le manager de proximité n'a pas d'autre solution, pour s'en tirer, que de se tourner vers le système. Tant pis si celui-ci se montre frileux. À la longue, quand toutes les règles précédentes sont appliquées, la hiérarchie est obligée de traiter le problème.

Le N + 2 (ou au-delà) qui demande à son subordonné de « laisser tomber », d'accepter un comportement nuisible, espère en fait se débarrasser définitivement du problème ; il pense que le N + 1 n'osera pas y revenir. Pourtant, cette position est très instable. Si elle vient à se reproduire, la hiérarchie cherchera une autre échappatoire : déplacer le nuisible ou déplacer le manager. Pourquoi pas ?

D'autant que la hiérarchie n'est pas homogène dans son attitude de déni. L'échelon qui coince est en général le N + 3, qui ne fait pas connaître aux niveaux supérieurs les éventuels problèmes de ce genre. Mais s'il peut retenir l'information à une ou deux reprises, il ne peut le faire au-delà.

Il faut bien comprendre que la DRH a besoin de raisons solides et réitérées pour engager des rapports de force avec les nuisibles et leurs éventuels soutiens. Plus elle en a à disposition, plus elle peut oser assumer le conflit, et accessoirement rassurer et soutenir la hiérarchie.

Les rôles des dirigeants et du management intermédiaire

En synthèse, on peut dire que la problématique des nuisibles trouve ses solutions les plus puissantes et les plus faciles à mettre en œuvre au plus haut niveau de gouvernance. Malheureusement, c'est le niveau qui est le moins conscient de ces phénomènes : il s'en désintéresse ou les nie. Il est beaucoup plus préoccupé de maintenir la pression sur les effectifs, les niveaux de rémunération et la production, en ignorant les différences réelles de productivité entre les individus.

De son côté le management intermédiaire, ne sachant trop comment y résister, tend à céder devant la menace de conflit social, réel ou hypothétique. Il est d'autant plus lâche que la gestion des relations avec un nuisible est toujours une épreuve, qu'il préfère contourner.

Et que font les « RH » dans tout cela ? Rien de plus ou de moins que ce qu'on leur demande et permet de faire. D'autant que les services des ressources humaines ne maîtrisent en général que partiellement le recrutement et ne sont pas vraiment formés au repérage des nuisibles.

Le nuisible dirigeant

Au chapitre 2, en développant la notion de champ d'intervention, nous avons évoqué ces « ultranuisibles » que sont les nuisibles en position d'autorité. Plus leur rang est élevé dans la hiérarchie du système, plus ils sont dangereux. L'histoire en a connus, et en révèle encore un grand nombre.

Le principe de Peter renversé[1]

Le « principe de Peter » postule que tant qu'une personne est compétente dans un système comme l'entreprise, elle gravit les échelons jusqu'à atteindre son niveau d'incompétence.

Ce seuil, de nombreux dirigeants l'ont franchi depuis longtemps. Si on devait les remettre au travail, il faudrait peut-être les rétrograder de plusieurs étages pour retrouver un niveau d'activité où ils soient compétents. Parfois, il n'est même pas certain qu'ils pourraient occuper utilement un emploi de base.

L'entreprise est ainsi faite qu'au-dessus d'un certain niveau, il n'y a plus de garde-fou contre l'incompétence. Quand le seuil de Peter est franchi, les pires dirigeants peuvent être aspirés vers les sommets.

Ne supportant pas les managers compétents qui les mettent en cause par leur exigence, leur vision et leur intérêt pour le système, les ultranuisibles entraînent avec eux ceux qui les flattent, autres incompétents et nuisibles de toute sorte. Le principe est dès lors inversé : la compétence est une entrave à la promotion, l'incompétence permet de prendre l'ascenseur.

La voie royale du nuisible

Cette aspiration vers le haut par la grâce d'un plus grand nuisible est le rêve de tout manager nuisible. Il accède alors au-dessus du panier de crabes, où l'enjeu unique est de savoir qui mangera les autres pour devenir à son tour « grand nuisible » – celui que rien ne peut arrêter hors le règlement de compte, la faillite, la sénilité, ou, à terme, la mort.

Les nuisibles en famille

De l'enfant destructeur et tyrannique à la cousine « très famille » (comprenons : qui se mêle de la vie de tous et prétend régenter tout le groupe), de l'éternel adolescent à la « Tanguy[2] » au conjoint démis-

---

1. L. J. Peter et R. Hull, *Le principe de Peter*, Stock, 1970.
2. *Tanguy*, film de Étienne Chatiliez, 2001.

sionnaire, jaloux ou violent, la famille est un système où la gestion des nuisibles est extrêmement complexe. Contrairement à l'entreprise, la famille ne maîtrise pas son recrutement. La posture du tenant de l'autorité est difficile à tenir face à un nuisible – ne serait-ce que parce que, dans beaucoup de cas, cette autorité est partagée.

Il convient tout d'abord de distinguer deux types de nuisibles : les majeurs et les mineurs.

Nuisibles mineurs

Nous n'entrerons pas ici dans le débat de savoir si la personnalité très difficile est un caractère génétique ou non. Il existe peut-être des enfants sociopathes qui « sont comme ça », indépendamment de leur famille, de leur environnement et de leur éducation. Si c'est le cas, il appartient aux professionnels de la pédopsychiatrie de les repérer et de les soigner ; cet ouvrage ne sera d'aucun autre secours, dans ce cas, que d'inviter les parents à chercher de l'aide.

Nuisible en herbe : tentation et tentative

En revanche, de nombreuses familles doivent subir les ravages d'enfants et d'adolescents qui se comportent objectivement comme des nuisibles : ceux à qui on ne peut rien confier, qu'on doit surveiller en permanence sous peine de les voir commettre les pires bêtises, et qui semblent ne jamais pouvoir s'améliorer malgré leurs promesses.

Mais contrairement aux nuisibles adultes, leur personnalité n'est pas achevée, et l'organisation de leur comportement est encore en friche ; il reste donc possible, la plupart du temps, de les amener à des changements impressionnants. Nous connaissons tous des enfants odieux devenus des adultes formidables.

La nuisance est souvent un mode de relation au monde que l'enfant choisit pour protester contre une souffrance que lui impose son univers proche. Les parents n'en sont pas toujours les seuls responsables. Confrontés à la même frustration, aux mêmes empêchements ou à la même souffrance, d'autres enfants choisissent des modes d'expression différents.

Mais c'est ainsi : la nuisance, pour certains enfants, est une tentative pour exister, s'exprimer, avoir de la place, être pris en compte, obtenir du pouvoir, de la liberté, etc. Elle s'épanouit spontanément dans les zones de faiblesse des adultes.

La nuisance est donc à la fois une tentation, un moyen fort pour compenser des déficits, et une tentative : l'essai d'une méthode pour s'imposer dans les relations.

Facteurs de la tentation

L'observation montre que le cumul de certains éléments de la relation parents-enfants favorise l'évolution de ces derniers vers des pratiques de nuisance. On peut citer en particulier :

- l'absence de partage des activités : celles des parents par les enfants, celles des enfants par les parents ;
- les violences de toutes natures (physiques, verbales, sociales, matérielles, etc.) exercées sur l'enfant ;
- l'utilisation par les parents de la dominance, de la démagogie, de la pression et des autres pratiques d'autorité dégradées[1] ;
- le déficit d'expression des sentiments d'amour et de manifestations affectives des parents vers les enfants ;
- l'autoritarisme excessif des parents sur l'activité et la vie des enfants qui n'ont aucune marge de manœuvre ni de négociation ;
- les déficits de communication : les parents ne parlent jamais d'eux aux enfants et n'écoutent pas les enfants, ne s'intéressent pas à ce qu'ils font ;
- la prévalence totale de la satisfaction des besoins des parents sur celle des enfants ;
- la réclusion, l'enfermement ou l'isolement des enfants.

---

1. Cf. *Développer son autorité, op. cit.*

Il y a d'autres facteurs de tentation qui n'appartiennent pas à la relation parents-enfants :

- parent lui-même nuisible et fier de lui, dans la famille et hors de la famille, qui raconte ses exploits, voire qui « forme » son enfant à son image ;
- iniquité, conflits permanents, déficit d'amour, violence des relations entre parents ;
- choc affectif, événement grave, agression, etc., subis par l'enfant.

Faire échouer la tentative

Face à ces facteurs, l'enfant peut s'essayer aux pratiques de nuisance. Il s'agit alors de l'en détourner en mettant systématiquement ses tentatives en échec.

À faire

Dire nettement que ses comportements sont inacceptables, en lui expliquant en quoi et comment ils sont vécus par les autres.

Sanctionner clairement ses comportements, au sein de la famille ou par le biais d'autres autorités.

S'assurer que la reproduction de ses comportements ne lui permet pas d'obtenir gain de cause dans ses exigences.

Lui donner l'occasion, la matière et le soutien pour réussir autrement que par des comportements de nuisance.

Ne jamais justifier ses conduites ni le protéger face aux autres autorités.

À l'inverse, les comportements nuisibles ne peuvent qu'augmenter si l'enfant constate que l'usage de ce mode lui permet de punir sévèrement ceux qui lui paraissent responsables de ses douleurs et de ses frustrations, et que plus il est nuisible, plus il obtient le pouvoir.

Il s'agit, conjointement, de réduire les facteurs de tentation, sous peine d'amplifier les tendances de l'enfant à la nuisance.

Construire et déconstruire

L'entourage fabrique et entretient les enfants nuisibles. Dans la famille, les nuisibles en herbe sont amendables dans la plupart des cas. Mais il s'agit d'un travail de déconstruction et de reconstruction lourd, exigeant et de longue haleine.

Il nous semble plus simple et plus agréable, quand on est parent, d'aider d'emblée nos enfants à construire des personnalités « faciles à vivre » pour les autres.

Comment faire pour éviter de cultiver un nuisible ? Il suffit de pratiquer à l'envers les facteurs précédents. La communication, le partage, l'écoute et le respect, assortis de la mise en évidence d'un certain nombre de principes intangibles, sont les moyens de cultiver ce que l'amour entre parents et enfants porte en germe.

Nuisibles majeurs

À l'exception de son conjoint, on ne choisit pas plus que ses enfants les nuisibles adultes qui nous gâchent la vie : ascendants, parents, frères et sœurs, cousins, etc. Mais dans tous les cas, on peut choisir de poursuivre ou non la relation.

Éloge de la rupture

La séparation est la meilleure solution, et de loin, aux assauts d'un nuisible. On peut le pousser vers la sortie ou bien s'éloigner. Car ce nuisible, en devenant adulte, s'est structuré. C'est celui dont nous parlons dans l'ensemble de cet ouvrage, qui sévit partout où il plante ses griffes.

> Depuis leur plus tendre enfance, Brunehilde protège son petit frère, Aldebert. Au collège, elle lui permettait, en se dénonçant à sa place, d'échapper à des punitions amplement méritées. Plus tard, quand il a choisi de ne pas terminer ses études et de vivre aux crochets de leurs parents ; elle a argué de son caractère « artiste », de sa sensibilité... Mais, devenu adulte, Aldebert a pris l'habitude d'être ainsi assisté ;

quand il n'a plus d'argent, quand il est malheureux, désœuvré, ou simplement quand il a faim, il débarque chez sa grande sœur et s'installe, comme chez lui. La dernière fois, il est reparti avec le téléviseur et la chaîne stéréo.

Il faudra que le fiancé de Brunehilde intervienne pour que celle-ci se rende à l'évidence : son frère ne peut que lui nuire ; il est temps de lui interdire l'accès à son appartement, de lui faire rendre les clés et de lui signifier définitivement qu'elle ne veut plus le voir.

Cupide, paresseux, dominant, inconséquent, violent, agressif, pervers... dans tous ses états, le nuisible reproduit les mêmes fonds de conduite en exploitant et en malmenant son entourage.

Certains veulent malgré tout croire qu'il va s'amender mais il trouve le moyen de faire pire à chaque occasion.

Les plus résistants parmi son entourage finissent par rompre quand ses égarements atteignent des sommets, en général au degré où il ne resterait plus qu'à le poursuivre devant les tribunaux.

Mais sauf à être soi-même à l'origine de sa déviance, on ne peut plus le changer : il est parti pour une interminable glissade sur la pente de ses mauvais penchants.

À faire

Prenez de la distance bien plus tôt : dès qu'il reproduit deux fois de suite la même faute.

Cessez définitivement de partager avec lui toute sorte d'engagement dans les domaines où il commet des dégâts : patrimoine, indivision, comptes, éducation, relations amoureuses, activités professionnelles, relations amicales, etc., jusqu'à ce qu'il ne reste plus rien où se rencontrer.

Ne croyez jamais en ses promesses ; attendez-vous au pire en permanence ; prenez des précautions même quand tout se passe bien en apparence.

Faites appel à la loi dès qu'il commet une infraction.

Ne le défendez jamais vis-à-vis d'un tiers qu'il aurait lésé.

Quittez-le à la première opportunité ; quittez-le, même s'il n'y a pas d'opportunité.

Mon nuisible à moi

Il est vrai qu'on rencontre – même très rarement – des nuisibles qui se sont amendés. Dans le cadre de la famille, on voudrait toujours croire que ce sera le cas du sien, que tout finira par s'arranger… mais c'est un leurre.

En effet, les seuls nuisibles repentis sont ceux qui ont vécu une véritable traversée du désert, qui ont brûlé tous leurs vaisseaux. Une telle démarche ne peut se faire que seul, sans point d'appui et sans rien à gâter.

Vous ne pouvez pas changer votre nuisible : s'il pouvait changer, il l'aurait déjà fait. Vous lui en avez déjà donné l'occasion, vous le lui avez déjà demandé. Vous lui avez laissé toutes les chances. Le simple fait qu'il justifie à chaque fois ses comportements par des raisons qui lui sont extérieures est la preuve qu'il ne changera pas. Malgré vos attentes, il ne se sent pas concerné : il poursuivra donc dans la même voie.

Dévouement

En-dehors de la rupture et de la mise à distance, il ne vous reste que deux options également épuisantes :

- Le laisser faire et payer les pots cassés ; mais il finira par vous le faire payer. Les nuisibles achèvent toujours leur souffre-douleur favori en l'accusant de leurs pires turpitudes pour se sauver.

- Batailler à longueur de temps pour maintenir un minimum d'ordre, de bienséance ou de justice… qu'il s'empresse de détruire aussi vite que vous l'avez conçu.

Dans ce cas, la maison est votre galère : vous êtes au gouvernail, à la pêche, à la manœuvre et à la rame… et votre nuisible bronze sur le pont. Après tout, c'est peut-être votre choix. Pourquoi pas, si cela

n'implique que vous deux ? Si vous-même êtes un nuisible du modèle geignard, cela vous fournit une inépuisable matière pour vous
plaindre…

Les besoins des autres membres de la famille

Ainsi, vous voulez à toute force sauver votre nuisible de lui-même.
Mais avez-vous songé aux autres passagers ? Est-il juste vis-à-vis
d'eux d'entretenir un nuisible qui leur rend également la vie impossible, seulement parce que vous voulez croire qu'il pourrait changer ?

En conservant le nuisible et en lui consacrant votre énergie, vous
l'imposez aux autres et vous leur ôtez l'attention que vous leur devez.
Pire, vous êtes peut-être responsable de gâter tout le panier en y laissant trôner un fruit pourri.

En cas de problèmes dans le couple parental, par exemple, les enfants
pardonnent rarement à leur parent « gentil » de ne pas les avoir protégés de leur parent nuisible. Ils lui en veulent même souvent d'avoir
sous-estimé la violence des conditions qui leur étaient faites, d'avoir
poursuivi de façon égoïste son obsession de maintenir le couple. Ils
ont raison au moins sur un point : il s'agit bien d'un choix, qui aurait
pu être différent.

Dans ce genre de situation, le « gentil » justifie souvent son inertie
par des circonstances extérieures : la difficulté à vivre avec un seul
salaire, à trouver un emploi, à faire comprendre à la famille qu'on
doit se séparer, à revenir sur quinze ans de vie commune, à laisser
se débrouiller seul un conjoint qui sera perdu (le pauvre !), à démé-
nager, à divorcer, etc. Il se conduit alors de la même façon que son
nuisible préféré : « Ce n'est pas de sa faute… »

Cette étrange résonance des deux systèmes de défense des parents,
aussi impuissants et irresponsables l'un que l'autre, est profondément humiliante pour l'enfant, surtout quand lui-même devient le
prétexte de la conservation du nuisible, quand c'est en son nom et
pour son intérêt que la situation perdure. « Si tu n'avais pas été là je
l'aurais quitté(e)… »

Une séparation entre des parents normaux, « gentils » – c'est-à-dire avec des défauts ordinaires – fait probablement des dégâts chez les enfants ; mais se séparer d'un nuisible est vital pour eux.

Les nuisibles en société

Malheureusement, les nuisibles ne sont pas confinés dans des systèmes clos comme l'entreprise ou la famille. Ils sont disséminés dans la nature, et sévissent dans tous les systèmes sociaux ouverts ou fermés.

Les autorités sociales de toutes sortes y ont donc affaire : la police, les contrôleurs dans les trains, les infirmières, les entraîneurs sportifs, etc.

Les nuisibles occasionnels

Dans la rue, dans les transports, dans les espaces de loisirs, dans toutes les circonstances sociales où l'on peut prendre ses aises aux dépens des autres, on les voit s'imposer. Ceux-là sont de petits nuisibles, lâches mais apparemment socialisés. Seuls face à un tiers, ils sont très arrogants. Dans le wagon de première classe du TGV, malgré l'interdiction, ils téléphonent à longueur de voyage, et ne s'arrêtent même pas lorsqu'un autre voyageur le leur reproche ; mais ils rangent leur portable dès que le contrôleur apparaît. Sur l'autoroute, ils collent à l'arrière des autres véhicules, à 140 km/h, mais ralentissent dès qu'ils aperçoivent une fourgonnette de la gendarmerie.

Le nuisible occasionnel a peur de l'autorité, mais il s'étale dès qu'elle est absente. C'est un médiocre, une petite main de l'incivilité : obséquieux avec les tenants des autorités sociales, invasif et dominant avec les autres.

Le nuisible occasionnel est en fait un « dominé-dominant[1] » au comportement fluctuant. On le retrouve en entreprise dans la peau du

---

1. Le « dominé-dominant » se conduit en subalterne servile avec sa hiérarchie et en despote brutal avec ses subalternes. Cette notion est détaillée dans *Développer son autorité, op. cit.*

manager nuisible ou, dans la famille, dans celle du parent indigne. Rentré à la maison, quand là aussi il est dominé, il se venge sur les enfants ou sur le chien.

Cependant, il ne résiste ni à la pression du collectif ni à la menace physique. Pour le maîtriser il suffit donc de le « confronter » en groupe et de faire appel à l'autorité.

Les nuisibles provocateurs agressifs

Ceux-là ne sévissent qu'en troupeau. Seuls, ils rentrent dans la catégorie précédente. Ils affichent leurs capacités de nuisance pour se sentir exister et pour le plaisir de faire peur à tous les autres. Provocateurs, envahissants, insultants, menaçants, ils testent le rapport de force pour savoir jusqu'où ils peuvent aller.

Selon la taille de leur groupe et les capacités de réponse qu'on peut leur opposer, ils peuvent basculer dans l'agression totale ou se tenir coi. Ils peuvent investir n'importe quel espace social, public ou privé, comme un stade ou une fête de quartier. En surnombre et sur leur territoire, ils peuvent attaquer tous les corps d'autorité, y compris la police.

Comme tous les autres nuisibles, ils justifient leur comportement par leur situation de victime sociale. Mais l'argument ne tient pas, car rien ne les oblige à agresser les autres : en quoi cette agression changerait-elle leur situation ? D'autre part, il convient de remarquer que la grande majorité des autres personnes, dans des conditions identiques, ne font pas le choix de la nuisance.

Leur système de justification est d'autant plus irrecevable qu'eux-mêmes parviennent parfaitement à tempérer leurs ardeurs quand ils ont le dessous. Autrement dit, leur conduite n'a rien d'irrépressible, et ils en font délibérément le choix en chaque circonstance.

Comme, dans la plupart des cas, ce sont des jeunes, on pense les guérir par des mesures éducatives. Soit ! Mais cela ne justifie pas qu'on les laisse sévir. La délinquance collective se nourrit de la permissivité des autorités publiques, qu'elle perçoit comme un encouragement.

Elle doit nécessairement recevoir une réponse individuelle par l'application stricte de la loi et des règlements. Une réponse qui serait différente, prenant en compte le phénomène collectif, ôterait à l'individu la responsabilité de ses choix de comportement.

Qu'un nuisible préfère se fondre dans la masse pour assouvir ses besoins de violence ne peut être cautionné par l'autorité : c'est son choix, c'est donc le contraire d'une circonstance atténuante.

Le nuisible délinquant

Celui-ci va plus loin que tous les autres dans l'exercice de ses capacités de nuisance ; il ne connaît en fait pas de limites. Le propos de cet ouvrage n'est pas de discuter des politiques de répression ou de prévention. Mais, après avoir examiné le fonctionnement des nuisibles, il apparaît peu probable que la solution du problème puisse être réduite à la très simpliste alternative de les mettre en prison ou de les laisser en liberté.

Dans les deux situations, le supernuisible reste un nuisible. Avant, pendant comme après sa peine, il reste aussi dangereux. Pour un délinquant repéré et incarcéré, combien en reste-t-il qui courent dans la nature, identifiés ou non ? Hors de la prison, il n'y a pas de stratégie sociale réelle de traitement de la délinquance. Il existe de nombreux systèmes de surveillance et de protection, mais ceux-ci traitent le symptôme, pas la cause ni le phénomène.

Autres stratégies
de gestion des nuisibles

Les nuisibles ne se voient pas comme tels. Dans leurs perpétuels conflits, ils se considèrent comme des personnes normales et tout à fait justifiées dans la défense de leurs intérêts légitimes. Leurs contradicteurs ne sont que des ennemis qu'il faut abattre.

Pour les autres, cette inconscience rend la situation encore plus injuste. Non seulement ils nous gâchent la vie, et il faut les gérer malgré eux, mais de plus, on ne peut même pas leur faire prendre conscience de leur nuisance. Ils sont bêtes et méchants, odieux… et se conduisent en toute innocence.

Quand on fait la somme des préconisations de cet ouvrage, on constate que le tenant de l'autorité doit cumuler le courage, la rigueur, le calme, l'esprit stratégique et le contrôle de ses émotions pour maîtriser les nuisibles et leurs comportements. Tout ceci pour un résultat parfois bien maigre, qui n'empêche pas totalement les dégâts, et dont le coût psychologique et énergétique est énorme. D'autant que ça dure !

Certes, le tenant peut parfois se défaire des nuisibles ; et le lecteur a bien compris que c'est la meilleure solution. Mais quand on est contraint de le garder, on peut être tenté par d'autres voies, plus expéditives ou plus gratifiantes que la gestion serrée dans le respect des lois et des convenances.

La tentation de la violence

Fatigué, submergé par l'ampleur de la charge, le tenant peut être tenté de retourner la violence contre le nuisible, de façon à lui clouer le bec et à lui interdire de sévir une bonne fois pour toutes.

C'est un sentiment compréhensible et une intention recevable. Après tout, c'est le nuisible qui crée activement la situation, et son inconscience est probablement autant feinte que réelle. On voit ainsi des femmes battues assassiner leur mari pour défendre leur vie et celle de leurs enfants. Si la justice a des choses à dire à ce propos, nous lui en laissons volontiers la charge…

Le mari en question n'aurait probablement pas battu un fils qui l'aurait dépassé d'une tête, pesant vingt kilos de plus que lui et prompt à donner un coup de poing. Comme on l'a déjà dit, les nuisibles ont leurs limites spontanées dès lors que le rapport de force n'est plus en leur faveur – ou, plus exactement, dès lors qu'ils croient qu'il ne leur est plus favorable. Tous les nuisibles évaluent les situations et profitent des interdits que le système impose aux autres pour leur rire au nez.

Le *leadership* à l'envers

Mais, si leur adversaire est également capable de sortir des limites, leur sécurité n'est plus assurée, et ils se tiennent tranquilles. Pour l'autre, tenant ou non, l'essentiel n'est pas de passer à l'acte ; il s'agit seulement que les nuisibles soient convaincus qu'il peut le faire.

Car le nuisible, s'il ne s'identifie pas comme tel, n'identifie pas non plus les autres comme des « gentils ». Pour lui, le monde est peuplé d'ennemis potentiels, en perpétuelle concurrence, parmi lesquels il s'agit d'être le plus fort (ou le moins faible). Cette catégorisation le conduit à voir les « gentils » comme des niais, et les légalistes comme de purs imbéciles qui ne savent pas profiter du système.

Quand une personne l'agresse, le nuisible ignore si c'est un « gentil » ou un autre nuisible. Incapable de se poser ce type de questions, il y voit seulement un concurrent un peu plus violent que lui.

Les délinquants de second rang sont bizarrement bien respectueux des truands de grande envergure. La notion de « respect » est la seule qui structure les relations d'influence entre les détenus dans une prison ; pourtant, ce ne sont pas les nuisibles qui y manquent. Les nuisibles résistent aux formes normales de l'autorité, pas à leurs formes abusives.

Les nuisibles sont donc maniables ; ils se laissent influencer par la dominance, l'autoritarisme, la pression, la menace et l'agression [1]. Ce sont là des moyens vivement déconseillés pour atteindre le *leadership* et développer une autorité puissante vis-à-vis des autres personnes ; mais ils peuvent pourtant réduire de façon drastique les comportements néfastes des nuisibles. Ceux-ci comprennent en effet parfaitement ces langages relationnels, et savent en tirer les conséquences.

Le nuisible vit dans un autre monde, un monde où les lois communes sont inversées. Il y répond néanmoins avec une grande application. Pourquoi ne pas les utiliser ?

D'autant que les nuisibles, quel que soit leur type, sont sensibles aux mêmes types de souffrances que le commun des mortels : la perte de liberté, la douleur physique, l'isolement, la charge de travail, le bruit, l'inconfort, la servitude, etc. La panoplie des mauvaises punitions qu'ils peuvent craindre est donc très étendue.

Un choix très personnel

Nous nous garderons bien, par principe, d'inviter ici le tenant de l'autorité à choisir la violence pour ramener le nuisible à la raison. Mais le monde a dû faire la guerre aux pires dictateurs pour s'en débarrasser. Où est donc la frontière ? À chacun d'en décider pour lui-même.

---

1. Toutes ces pratiques d'autorités dégradées sont détaillées dans *Développer son autorité, op. cit.*

Le tenant de l'autorité peut donc décider d'appliquer au nuisible (et à lui seul) les moyens ordinaires que le mâle dominant des espèces de mammifères grégaires utilise pour faire régner l'ordre : la morsure, la menace, la charge violente, l'exclusion des accès aux besoins primaires, etc. Autrement dit, il peut choisir une double orientation de sa politique d'autorité : aller dans le sens du *leadership* avec les « gentils », et simultanément dans celui de la dominance avec les nuisibles.

Être gentil avec les gentils, nuisible avec les nuisibles. D'une certaine façon, selon cette logique, ce n'est pas le tenant de l'autorité qui choisit seul sa conduite avec tel ou tel, mais c'est le ressortissant qui en est responsable par un jeu de miroir : à chacun selon son mérite !

S'il opte pour cette organisation, le tenant doit disposer d'une double compétence : en plus d'être un leader, il lui faut aussi celle d'un nuisible efficace. Cela n'est pas donné à tout le monde : pour s'exercer à la violence, mieux vaut être tombé tout petit dans la marmite…

Cette double attitude exige de surcroît une gymnastique plutôt sophistiquée pour ne pas confondre les genres et les circonstances, et éviter d'user d'une méthode dans le mauvais contexte. Cela dit, si vous vous sentez d'emprunter ce chemin, bonne route !

La tentation de la manipulation

Dans certaines circonstances, il est parfois possible de désarmer le nuisible sans nécessairement lui faire de mal.

La séduction, la manipulation, le mensonge, l'emprise affective, la démagogie sont d'autres moyens de prise d'influence ; néfastes pour l'acquisition du *leadership*, ils peuvent être efficaces pour circonscrire un nuisible.

Ces moyens présentent cependant quelques inconvénients.

Tout d'abord, ils sont difficilement compréhensibles, et inquiétants pour les autres ressortissants, qui ne peuvent pas être tout à fait sûrs que cet usage ne leur sera pas appliqué.

Ensuite, ils peuvent toujours être retournés à l'avantage du nuisible, s'il en identifie les ressorts. Or, il est assez compétent pour cela. Il faut donc être vraiment très sûr de la finesse de ses propres stratégies pour utiliser l'un de ces moyens sans dommage.

Enfin, quoique moins éprouvante qu'une gestion honorable, cette stratégie reste coûteuse en attention et en concentration ; elle est surtout difficile à mener à bien. Le tenant de l'autorité qui s'y aventure risque d'être emporté dans ces arcanes interminables, aux dépens de sa propre lucidité et de ses obligations vis-à-vis du système.

Ce genre de démarche pose les mêmes problèmes que l'utilisation de la violence, et peut recevoir les mêmes réponses éthiques ou tactiques.

La fuite

Quand un système choisit de conserver un nuisible ingérable, et que celui-ci s'installe dans une position inexpugnable, c'est la préservation de sa propre personne qui devient le seul objectif raisonnablement accessible, pour le tenant de l'autorité comme pour les autres participants. La fuite reste donc une option qu'il ne faut jamais négliger.

Pourquoi le tenant se ruinerait-il la vie pour défendre un système qui a baissé les bras ? Dans cette circonstance, le système a effectivement concédé le pouvoir au nuisible, et réduit le tenant à l'impuissance. Il s'autodétruit.

Alors, pourquoi rester ?

- Pour défendre les autres ? Ceux-ci peuvent également choisir de partir. C'est leur problème, leur peau : il leur appartient de se défendre.
- Pour défendre sa place ? Mais qu'en reste-t-il réellement, sinon une coquille vide ?
- Pour ne pas abandonner le terrain au nuisible ? Mais il l'a déjà conquis !

La fuite est la solution adaptée quand le système est maîtrisé par le nuisible : celui-ci finira de toute façon par le détruire. Mieux vaut ne pas couler avec, et emporter avec soi ce qu'on peut, y compris ceux qu'on aime.

Tir à la corde

Dans le cas particulier des grands vaisseaux comme les entreprises, il y a des nuisibles du côté des gouvernes, et d'autres dans la soute. On les a décrits précédemment. Les « gentils ordinaires » souffrent des avanies que leur font subir les uns et les autres.

Cependant, cette situation présente une caractéristique spéciale : les nuisibles d'en haut détestent les nuisibles d'en bas, qui le leur rendent bien. Chacun des deux côtés passe une bonne partie de son temps à faire des misères à l'autre.

Car les nuisibles d'en bas croient dur comme fer que toutes les personnes « d'en haut » sont des monstres seulement animés par une cupidité sans limites ; et les nuisibles d'en haut sont persuadés que tous ceux d'en bas sont des médiocres mus par une paresse indécrottable.

Par « gentils » interposés, ils se livrent donc une guerre sans merci à tous les étages.

Cela ressemble à une sorte de tir à la corde, où l'élitisme boursouflé rivalise avec l'inertie militante des bras cassés : c'est à celui des deux qui tirera le plus fort sur la corde des nuisances respectives.

Le pire dans cette histoire, c'est que ces deux camps ont raison au moins sur un point : les nuisibles d'en bas sont vraiment les plus paresseux qu'on puisse imaginer, les nuisibles d'en haut sont vraiment au summum de la cupidité.

Mais, dans cet affrontement incongru, ceux qui ne s'identifient pas en termes de caste peuvent finalement s'en sortir assez bien, sans tirer sur la corde avec les imbéciles. Il leur suffit d'aider les uns et les autres à rester accrochés à leur corde ; en dosant l'équilibre, les mauvaises énergies s'annulent. Le truc est de canaliser les nuisibles les uns contre les autres : en persuadant chacun qu'il concoure à la perte de ses ennemis, on peut les amener, contre leur gré, à faire avancer le navire dans le bon sens.

Et pendant ce temps-là, les gentils peuvent continuer à travailler normalement à tous les étages…